Kuchnia Przeciwwzapalna
Zdrowie przez Smak

Anna Kowalska

Spis treści

Przyprawione brokuły, kalafior i tofu z czerwoną cebulą 16
Składniki: 16
Wskazówki: 17
Patelnia z fasolą i łososiem Porcje: 4 18
Składniki: 18
Wskazówki: 19
Zupa marchewkowa Porcje: 4 20
Składniki: 20
Wskazówki: 21
Zdrowa sałatka z makaronem Porcje: 6 22
Składniki: 22
Wskazówki: 22
Porcje curry z ciecierzycy: 4 do 6 24
Składniki: 24
Wskazówki: 25
Strogonow z mięsa mielonego Składniki: 26
Wskazówki: 26
Soczyste krótkie żeberka Porcje: 4 28
Składniki: 28
Wskazówki: 29
Bezglutenowa zupa z kurczakiem i makaronem Porcje: 4 30
Składniki: 30
Curry z soczewicy Porcje: 4 32
Składniki: 32

Wskazówki: 33

Smażony kurczak i groszek Porcje: 4 34

Składniki: 34

Wskazówki: 35

Soczyste brokuły z migdałami anchois Porcje: 6 36

Składniki: 36

Wskazówki: 36

Paszteciki z shiitake i szpinakiem Porcje: 8 38

Składniki: 38

Wskazówki: 38

Sałatka z kalafiora i brokułów Porcje: 6 40

Składniki: 40

Wskazówki: 41

Sałatka Z Kurczakiem Z Chińskim Porcji: 3 42

Składniki: 42

Wskazówki: 43

Porcje nadziewane papryką z amarantusem i komosą ryżową: 4 44

Składniki: 44

Chrupiący filet rybny w serowej panierce Porcje: 4 46

Składniki: 46

Wskazówki: 46

Białkowa Fasola Mocy I Zielone Nadziewane Muszle 48

Składniki: 48

Składniki na sałatkę azjatycką z makaronem: 51

Wskazówki: 51

Łosoś i fasolka szparagowa Porcje: 4 53

Składniki: 53

Wskazówki: 53

Serowy nadziewany kurczak Składniki: 55

Wskazówki: 56

Rukola Z Sosem Gorgonzola Porcje: 4 57

Składniki: 57

Wskazówki: 57

Zupa kapuśniakowa Porcje: 6 59

Składniki: 59

Ryż kalafiorowy Porcje: 4 60

Składniki: 60

Wskazówki: 60

Feta Frittata i szpinak Porcje: 4 61

Składniki: 61

Wskazówki: 61

Naklejki na garnek z ognistym kurczakiem Składniki: 63

Wskazówki: 64

Krewetki czosnkowe z tartym kalafiorem Porcje: 2 65

Składniki: 65

Wskazówki: 66

Brokuły z tuńczykiem Porcje: 1 67

Składniki: 67

Wskazówki: 67

Zupa Z Dyni Piżmowej Z Krewetkami Porcje: 4 68

Składniki: 68

Wskazówki: 69

Smaczne pieczone kulki z indyka Porcje: 6 70

Składniki: 70

Wskazówki: 70

Przezroczysta zupa z małży Porcje: 4 72

Składniki: 72

Wskazówki: 73

Porcje w garnku z ryżem i kurczakiem: 4 74

Składniki: 74

Wskazówki: 75

Smażona mieszanina krewetek Jambalaya Porcje: 4 77

Składniki: 77

Kurczak Chili Porcje: 6 79

Składniki: 79

Wskazówki: 80

Zupa czosnkowo-soczewicowa Porcje: 4 81

Składniki: 81

Soczysta Cukinia i Kurczak W Klasycznej Smażonej Cukini Santa Fe 83

Składniki: 83

Wskazówki: 84

Tilapia Tacos Z Wspaniałą Surówką Imbirowo-Sezamową 85

Składniki: 85

Wskazówki: 85

Gulasz z soczewicy curry Porcje: 4 87

Składniki: 87

Wskazówki: 87

Sałatka Cezar z jarmużem i wrapem z grillowanym kurczakiem Porcje: 2 89

Składniki: 89

Wskazówki: 90

Sałatka ze szpinakiem i fasolą Porcje: 1 91

Składniki: ...91

Wskazówki: ...91

Łosoś w panierce z orzechami włoskimi i rozmarynem Porcje: 6 ...92

Składniki: ...92

Wskazówki: ...93

Pieczone słodkie ziemniaki z czerwonym sosem Tahini Porcje: 4 ...94

Składniki: ...94

Wskazówki: ...95

Włoska letnia zupa dyniowa Porcje: 4 ...96

Składniki: ...96

Wskazówki: ...97

Zupa szafranowo-łososiowa Porcje: 4 ...98

Składniki: ...98

Tajska Ostra Zupa Z Krewetkami I Grzybami O Smaku ...100

Składniki: ...100

Wskazówki: ...101

Orzo Z Suszonymi Pomidorami Składniki: ...102

Wskazówki: ...102

Zupa grzybowo-buraczana Porcje: 4 ...104

Składniki: ...104

Wskazówki: ...104

Pulpety Z Kurczaka Parmezanem Składniki: ...106

Wskazówki: ...106

Klopsiki Alla Parmigiana Składniki: ...108

Wskazówki: ...109

Arkusz Pan Pierś Indyka Ze Złotymi Warzywami ...110

Składniki: ...110

Wskazówki: 110

Kokosowe zielone curry z gotowanym ryżem Porcje: 8 112

Składniki: 112

Wskazówki: 112

Zupa ze słodkich ziemniaków i kurczaka z soczewicą Porcje: 6 114

Składniki: 114

Wskazówki: 115

Kremowa wieprzowina i pomidory Porcje: 4 116

Składniki: 116

Wskazówki: 116

Polędwica cytrynowa Porcje: 2 118

Składniki: 118

Kurczak Z Brokułami Porcje: 4 120

Składniki: 120

Wskazówki: 120

Chrupiąca polędwica z kurczaka Porcje: 4 121

Składniki: 121

Wskazówki: 121

Schab Z Pieczarkami I Ogórkami Porcje: 4 122

Składniki: 122

Wskazówki: 122

Pałeczki z kurczaka Porcje: 4 124

Składniki: 124

Wskazówki: 124

Balsamiczny pieczony kurczak Porcje: 4 126

Składniki: 126

Wskazówki: 126

Stek i grzyby Porcje: 4 128

Składniki: 128

Wskazówki: 128

Porady dotyczące wołowiny Porcje: 4 129

Składniki: 129

Wskazówki: 129

Przysmak z kurczaka brzoskwiniowego Porcje: 4-5 131

Składniki: 131

Wskazówki: 131

Mielona wieprzowina w patelni Porcje: 4 133

Składniki: 133

Wskazówki: 134

Wieprzowina z pietruszką i karczochami Porcje: 4 135

Składniki: 135

Wskazówki: 136

Wieprzowina Z Tymiankiem, Słodkie Ziemniaki Porcje: 4 137

Składniki: 137

Wskazówki: 138

Mieszanka wieprzowa curry Porcje: 4 139

Składniki: 139

Wskazówki: 139

Smażony kurczak i brokuły Porcje: 4 141

Składniki: 141

Wskazówki: 141

Porcje kurczaka i brokułów: 4 143

Składniki: 143

Wskazówki: 144

Śródziemnomorski Zapiekanek Z Kurczakiem Z Warzywami Porcje: 4 ... 145

Składniki: 145

Wskazówki: 145

Hidden Valley Chicken Drummies Porcje: 6 - 8 147

Składniki: 147

Wskazówki: 147

Balsamiczny kurczak i fasola Porcje: 4 149

Składniki: 149

Wskazówki: 149

Włoska wieprzowina Porcje: 6 151

Składniki: 151

Wskazówki: 152

Kurczak i brukselka Porcje: 4 153

Składniki: 153

Wskazówki: 153

Składniki kanapy z kurczakiem: 154

Wskazówki: 154

Kurczak z parmezanem Ilość porcji: 4 155

Składniki: 155

Wskazówki: 155

Wystawne indyjskie curry z kurczakiem Porcje: 6 157

Składniki: 157

Wskazówki: 158

Wieprzowina Z Balsamicznym Sosem Cebulowym Porcje: 4 160

Składniki: 160

Wskazówki: 160

Składniki: 161

Wskazówki: 162

Wieprzowina Z Gruszkami I Imbirem Porcje: 4 163

Składniki: 163

Wskazówki: 163

Kurczak maślany Porcje: 6 165

Składniki: 165

Wskazówki: 165

Gorące Skrzydełka Z Kurczaka Porcje: 4 - 5 166

Składniki: 166

Wskazówki: 166

Kurczak, makaron i groszek śnieżny Porcje: 1 - 2 167

Składniki: 167

Wskazówki: 167

Składniki: 168

Wskazówki: 169

Morelowe skrzydełka z kurczaka Porcje: 3 - 4 170

Składniki: 170

Wskazówki: 170

Udka z kurczaka Porcje: 4 172

Składniki: 172

Wskazówki: 172

Chrupiące polędwiczki z kurczaka Porcje: 4 173

Składniki: 173

Wskazówki: 173

Mistrzowskie kieszonki z kurczaka Porcje: 4 175

Składniki: 175

Wskazówki: 175

Kawałki kurczaka z grilla na płycie kuchennej Porcje: 4 176

Składniki: 176

Wskazówki: 177

Mieszanka Kurczaka I Rzodkiewki Porcje: 4 178

Składniki: 178

Wskazówki: 178

Kurczak Katsu Porcje: 4 179

Składniki: 179

Wskazówki: 180

Gulasz z kurczaka i słodkich ziemniaków Porcje: 4 181

Składniki: 181

Wskazówki: 181

Żeberka wołowe z rozmarynem Porcje: 4 183

Składniki: 183

Wskazówki: 183

Frittata z kurczakiem, papryką i szpinakiem Porcje: 8 185

Składniki: 185

Wskazówki: 185

Pieczony kurczak Dal Porcje: 4 187

Składniki: 187

Wskazówki: 187

Kurczak Taquito Porcje: 6 189

Składniki: 189

Wskazówki: 189

Wieprzowina z oregano Porcje: 4 191

Składniki: 191

Wskazówki: 192

Zapiekanka z kurczakiem i awokado Porcje: 4 193
Składniki: 193
Wskazówki: 193
Pieczona pierś z kaczki w pięciu smakach Porcje: 4 195
Składniki: 195
Wskazówki: 195
Kotlety Schabowe Z Salsą Pomidorową Porcje: 4 198
Składniki: 198
Wskazówki: 199
Toskański Kurczak Z Pomidorami, Oliwkami I Cukinią 200
Składniki: 200
Wskazówki: 201
Sałatka wieprzowa Porcje: 4 202
Składniki: 202
Wskazówki: 203
Wieprzowina limonkowa i fasolka szparagowa Porcje: 4 204
Składniki: 204
Wskazówki: 205
Porcje piersi z kurczaka: 4 206
Składniki: 206
Wskazówki: 206
Wieprzowina Z Cukinią Chili I Pomidorami Porcje: 4 207
Składniki: 207
Wskazówki: 208
Wieprzowina Z Oliwkami Porcje: 4 209
Składniki: 209
Wskazówki: 209

Pasztet Z Koperkiem I Łososiem 211

Składniki: 211

Wskazówki: 211

Pieczone jabłka w przyprawie Chai Porcje: 5 212

Składniki: 212

Wskazówki: 212

Brzoskwiniowe chrupiące Porcje: 6 214

Składniki: 214

Wskazówki: 214

Dip brzoskwiniowy Porcje: 2 216

Składniki: 216

Wskazówki: 216

Krakersy z nasionami marchwi i dyni Porcje: 40 krakersów 217

Składniki: 217

Wskazówki: 217

Frytki z awokado Porcja: 8 219

Składniki: 219

Wskazówki: 220

Przyprawione brokuły, kalafior i tofu z czerwoną cebulą

Porcje: 2

Czas gotowania: 25 minut

Składniki:

2 szklanki różyczek brokułów

2 szklanki różyczek kalafiora

1 średnia czerwona cebula, pokrojona w kostkę

3 łyżki oliwy z oliwek extra virgin

1 łyżeczka soli

¼ łyżeczki świeżo zmielonego czarnego pieprzu

1-funtowe twarde tofu, pokrojone w 1-calową kostkę

1 ząbek czosnku, posiekany

1 (¼ cala) kawałek świeżego imbiru, posiekany

Wskazówki:

1. Rozgrzej piekarnik do 200°F.

2. Połącz brokuły, kalafior, cebulę, olej, sól i pieprz na dużej blasze do pieczenia z brzegiem i dobrze wymieszaj.

3. Piecz, aż warzywa zmiękną, od 10 do 15 minut.

4. Dodaj tofu, czosnek i imbir. Piec w ciągu 10 minut.

5. Delikatnie wymieszaj składniki na blasze do pieczenia, aby połączyć tofu z warzywami i podawaj.

Informacje o wartościach odżywczych:Kalorie 210 Tłuszcz całkowity: 15 g Węglowodany ogółem: 11 g Cukier: 4 g Błonnik: 4 g Białko: 12 g Sód: 626 mg

Patelnia z fasolą i łososiem Porcje: 4

Czas gotowania: 25 minut

Składniki:

1 szklanka czarnej fasoli z puszki, odsączonej i opłukanej 4 ząbki czosnku, posiekane

1 żółta cebula, posiekana

2 łyżki oliwy z oliwek

4 filety z łososia, bez kości

½ łyżeczki kolendry, mielonej

1 łyżeczka kurkumy w proszku

2 pomidory pokrojone w kostkę

½ szklanki bulionu z kurczaka

Szczypta soli i czarnego pieprzu

½ łyżeczki nasion kminku

1 łyżka szczypiorku, posiekanego

Wskazówki:

1. Rozgrzej patelnię z oliwą na średnim ogniu, dodaj cebulę i czosnek i smaż przez 5 minut.

2. Dodaj rybę i smaż przez 2 minuty z każdej strony.

3. Dodać fasolę i pozostałe składniki, delikatnie wymieszać i gotować jeszcze 10 minut.

4. Rozłóż mieszankę pomiędzy talerze i od razu podawaj na lunch.

<u>Informacje o wartościach odżywczych:</u>kalorie 219, tłuszcze 8, błonnik 8, węglowodany 12, białko 8

Zupa marchewkowa Porcje: 4

Czas gotowania: 40 minut

Składniki:

1 szklanka dyni piżmowej, posiekanej

1 łyżka. Oliwa z oliwek

1 łyżka. Kurkuma w proszku

14 ½ uncji Mleko kokosowe, jasne

3 szklanki posiekanej marchewki

1 por, opłukany i pokrojony w plasterki

1 łyżka. Imbir, tarty

3 szklanki bulionu warzywnego

1 szklanka kopru włoskiego, posiekanego

Sól i pieprz do smaku

2 ząbki czosnku, posiekane

Wskazówki:

1. Zacznij od podgrzania holenderskiego piekarnika na średnim ogniu.

2. Do tego wlej łyżką olej, a następnie dodaj koper włoski, dynię, marchewkę i por. Dobrze wymieszaj.

3. Teraz smaż przez 4 do 5 minut lub do momentu, aż zmięknie.

4. Następnie dodajemy kurkumę, imbir, pieprz i czosnek. Gotuj przez kolejne 1 do 2 minut.

5. Następnie wlać do niego bulion i mleko kokosowe. Połącz dobrze.

6. Następnie zagotuj mieszaninę i przykryj holenderski piekarnik.

7. Pozostawić na wolnym ogniu na 20 minut.

8. Po ugotowaniu przenieś mieszaninę do wysokoobrotowego blendera i miksuj przez 1 do 2 minut lub do momentu uzyskania kremowej, gładkiej zupy.

9. Sprawdź, czy jest doprawione i w razie potrzeby dodaj więcej soli i pieprzu.

Informacje o wartościach odżywczych:Kalorie: 210,4 kcalBiałko: 2,11 g Węglowodany: 25,64 g Tłuszcz: 10,91 g

Zdrowa sałatka z makaronem Porcje: 6

Czas gotowania: 10 minut

Składniki:

1 opakowanie bezglutenowego makaronu fusilli

1 szklanka pomidorków winogronowych, pokrojonych w plasterki

1 garść świeżej kolendry, posiekanej

1 szklanka oliwek przekrojonych na pół

1 szklanka posiekanej świeżej bazylii

½ szklanki oliwy z oliwek

Sól morska do smaku

Wskazówki:

1. Wymieszaj oliwę z oliwek, posiekaną bazylię, kolendrę i sól morską.

Odłożyć na bok.

2. Makaron ugotować zgodnie z instrukcją na opakowaniu, odcedzić i przepłukać.

3. Połącz makaron z pomidorami i oliwkami.

4. Dodaj mieszaninę oliwy z oliwek i mieszaj, aż składniki dobrze się połączą.

Informacje o wartościach odżywczych:Całkowita zawartość węglowodanów: 66 g Błonnik: 5 g Białko: 13 g Całkowita zawartość tłuszczu: 23 g Kalorie: 525

Porcje curry z ciecierzycy: 4 do 6

Czas gotowania: 25 minut

Składniki:

2 × 15 uncji Ciecierzyca, umyta, odsączona i ugotowana 2 łyżki. Oliwa z oliwek

1 łyżka. Kurkuma w proszku

½ z 1 cebuli, pokrojonej w kostkę

1 łyżeczka. Cayenne, uziemiony

4 ząbki czosnku, posiekane

2 łyżeczki Chili w proszku

15 uncji Puree pomidorowe

Czarny pieprz, według potrzeby

2 łyżki stołowe. Koncentrat pomidorowy

1 łyżeczka. Cayenne, uziemiony

½ łyżki. Syrop klonowy

½ z 15 uncji puszka mleka kokosowego

2 łyżeczki Kminek, mielony

2 łyżeczki Wędzona papryka

Wskazówki:

1. Rozgrzej dużą patelnię na średnim ogniu. W tym celu wlać łyżką olej.

2. Gdy olej się rozgrzeje, dodaj cebulę i smaż przez 3 do 4

minut lub do momentu, aż zmiękną.

3. Następnie dodaj łyżką koncentrat pomidorowy, syrop klonowy, wszystkie przyprawy, przecier pomidorowy i czosnek. Dobrze wymieszaj.

4. Następnie dodaj ugotowaną ciecierzycę wraz z mlekiem kokosowym, czarnym pieprzem i solą.

5. Teraz dobrze wymieszaj wszystko i gotuj na wolnym ogniu przez 8 do 10 minut

minut lub do momentu, aż zgęstnieje.

6. Skropić sokiem z limonki i w razie potrzeby udekorować kolendrą.

Informacje o wartościach odżywczych:Kalorie: 224 kcalBiałko: 15,2 g Węglowodany: 32,4 g Tłuszcz: 7,5 g

Strogonow z mięsa mielonego Składniki:

1 funt chudego mięsa mielonego

1 mała cebula pokrojona w kostkę

1 ząbek czosnku posiekany

3/4 funta nowych, pokrojonych grzybów

3 łyżki mąki

2 szklanki wywaru mięsnego

sól i pieprz do smaku

2 łyżeczki sosu Worcestershire

3/4 szklanki ostrej śmietanki

2 łyżki młodej pietruszki

Wskazówki:

1. Ciemno zmielony hamburger, cebula i czosnek (starając się, aby nie rozdzielić czegoś na wierzchu) w naczyniu, aż przestanie być różowy. Kanał tłuszczu.

2. Dodaj pokrojone grzyby i gotuj 2-3 minuty. Wymieszać z mąką i smażyć stopniowo 1 minutę.

3. Dodać bulion, sos Worcestershire, sól i pieprz i podgrzać do momentu wrzenia. Zmniejsz temperaturę i gotuj gulasz na niskich 10 minutach.

Ugotuj makaron jajeczny zgodnie z nagłówkami pakietów.

4. Wyjmij mieszankę mięsną z ognia, wymieszaj z ostrą śmietaną i natką pietruszki.

5. Podawać z makaronem jajecznym.

Soczyste krótkie żeberka Porcje: 4

Czas gotowania: 65 minut

Składniki:

2 funty. krótkie żeberka wołowe

1 ½ łyżeczki oliwy z oliwek

1 ½ łyżki sosu sojowego

1 łyżka sosu Worcestershire

1 łyżka stewii

1 ¼ szklanki posiekanej cebuli.

1 łyżeczka posiekanego czosnku

1/2 szklanki czerwonego wina

⅓ szklanki ketchupu, bez cukru

Sól i czarny pieprz do smaku

Wskazówki:

1. Żeberka pokroić na 3 części i natrzeć je czarnym pieprzem i solą.

2. Dodaj olej do garnka Instant Pot i naciśnij Sauté.

3. Włóż żeberka do oleju i smaż po 5 minut z każdej strony.

4. Dorzucić cebulę i smażyć przez 4 minuty.

5. Dodaj czosnek i smaż przez 1 minutę.

6. W misce wymieszaj resztę składników i polej żeberka.

7. Załóż pokrywę ciśnieniową i gotuj przez 55 minut w trybie ręcznym pod wysokim ciśnieniem.

8. Po zakończeniu naturalnie zwolnij ciśnienie, a następnie zdejmij pokrywkę.

9. Podawaj ciepłe.

Informacje o wartościach odżywczych: Kalorie 555, Węglowodany 12,8 g, Białko 66,7 g, Tłuszcze 22,3 g, Błonnik 0,9 g

Bezglutenowa zupa z kurczakiem i makaronem

Porcje: 4

Czas gotowania: 25 minut

Składniki:

¼ szklanki oliwy z oliwek z pierwszego tłoczenia

3 łodygi selera pokrojone w ¼-calowe plasterki

2 średnie marchewki, pokrojone w ¼-calową kostkę

1 mała cebula, pokrojona w ¼-calową kostkę

1 gałązka świeżego rozmarynu

4 szklanki bulionu z kurczaka

8 uncji bezglutenowego penne

1 łyżeczka soli

¼ łyżeczki świeżo zmielonego czarnego pieprzu

2 szklanki pokrojonego w kostkę kurczaka z rożna

¼ szklanki drobno posiekanej świeżej pietruszki płaskolistnejWskazówki:

1. W dużym garnku rozgrzej olej na dużym ogniu.

2. Włóż seler, marchewkę, cebulę i rozmaryn i smaż, aż zmiękną, od 5 do 7 minut.

3. Dodać bulion, penne, sól, pieprz i zagotować.

4. Dusić i gotować, aż penne będzie miękkie, od 8 do 10 minut.

5. Usuń i wyrzuć gałązkę rozmarynu, dodaj kurczaka i pietruszkę.

6. Zmniejsz ogień do niskiego. Gotuj w ciągu 5 minut i podawaj.

<u>Informacje o wartościach odżywczych:</u>Kalorie 485 Tłuszcz całkowity: 18 g Węglowodany ogółem: 47 g Cukier: 4 g Błonnik: 7 g Białko: 33 g Sód: 1423 mg

Curry z soczewicy Porcje: 4

Czas gotowania: 40 minut

Składniki:

2 łyżeczki Nasiona gorczycy

1 łyżeczka. Kurkuma, mielona

1 szklanka namoczonej soczewicy

2 łyżeczki Nasiona kminku

1 Pomidor, duży i posiekany

1 żółta cebula, drobno pokrojona

4 szklanki wody

Sól morska, według potrzeby

2 marchewki, pokrojone w półksiężyce

3 garści posiekanych liści szpinaku

1 łyżeczka. Imbir, mielony

½ łyżeczki Chili w proszku

2 łyżki stołowe. Olej kokosowy

Wskazówki:

1. Najpierw umieść fasolę mung i wodę w głębokim rondlu ustawionym na średnim ogniu.

2. Teraz zagotuj mieszaninę fasoli i pozwól jej się zagotować.

3. Gotuj na wolnym ogniu przez 20–30 minut lub do momentu, aż fasola mung zmięknie.

4. Następnie podgrzej olej kokosowy w dużym rondlu na średnim ogniu i dodaj nasiona gorczycy i kminku.

5. Jeśli wyskoczą nasiona gorczycy, włóż cebulę. Smaż cebulę przez 4 minut lub do momentu, aż zmiękną.

6. Dodaj łyżkę czosnku i kontynuuj smażenie przez kolejną 1 minutę.

Kiedy już zacznie pachnieć, dodaj łyżką kurkumę i chili w proszku.

7. Następnie dodaj marchewkę i pomidora — gotuj przez 6 minut lub do momentu, aż zmiękną.

8. Na koniec dodać ugotowaną soczewicę i całość dobrze wymieszać.

9. Dodaj liście szpinaku i smaż, aż zwiędną. Zdjąć z ognia. Podawaj na ciepło i ciesz się smakiem.

Informacje o wartościach odżywczych: Kalorie 290 kcal Białko: 14 g Węglowodany: 43 g Tłuszcz: 8 g

Smażony kurczak i groszek Porcje: 4

Czas gotowania: 10 minut

Składniki:

1 ¼ szklanki piersi z kurczaka bez kości, bez skóry, pokrojonej w cienkie plasterki 3 łyżki posiekanej świeżej kolendry

2 łyżki oleju roślinnego

2 łyżki nasion sezamu

1 pęczek szalotki, pokrojonej w cienkie plasterki

2 łyżeczki Srirachy

2 ząbki czosnku, posiekane

2 łyżki octu ryżowego

1 papryka, pokrojona w cienkie plasterki

3 łyżki sosu sojowego

2 ½ szklanki groszku cukrowego

Sól dla smaku

Świeżo zmielony czarny pieprz do smaku

Wskazówki:

1. Rozgrzej olej na patelni na średnim ogniu. Dodać czosnek i drobno pokrojone szalotki. Gotuj przez minutę, a następnie dodaj 2 ½ szklanki groszku wraz z papryką. Gotuj do miękkości, tylko przez około 3-4 minuty.

2. Dodaj kurczaka i gotuj przez około 4-5 minut lub do momentu, aż będzie całkowicie ugotowany.

3. Dodaj 2 łyżeczki Srirachy, 2 łyżki nasion sezamu, 3

łyżki sosu sojowego i 2 łyżki octu ryżowego. Mieszaj wszystko, aż wszystko się dobrze połączy. Gotować przez 2-3 minuty na małym ogniu.

4. Dodaj 3 łyżki posiekanej kolendry i dobrze wymieszaj. Przełożyć i w razie potrzeby posypać dodatkowymi ziarnami sezamu i kolendrą. Cieszyć się!

<u>Informacje o wartościach odżywczych:</u>228 kalorii 11 g tłuszczu 11 g węglowodanów ogółem 20 g białka

Soczyste brokuły z migdałami anchois Porcje: 6

Czas gotowania: 10 minut

Składniki:

2 pęczki brokułów, przycięte

1 łyżka oliwy z oliwek extra virgin

1 długie, świeże czerwone chili, pozbawione pestek, drobno posiekane 2 ząbki czosnku, pokrojone w cienkie plasterki

¼ szklanki naturalnych migdałów, grubo posiekanych

2 łyżeczki skórki cytrynowej, drobno startej

Wyciśnięty sok z cytryny, świeży

4 anchois w oleju, posiekane

Wskazówki:

1. Rozgrzej olej w dużym rondlu, aż będzie gorący. Dodaj odsączone anchois, czosnek, chili i skórkę z cytryny. Gotuj do aromatu, przez 30

sekund, często mieszając. Dodaj migdały i smaż jeszcze przez minutę, często mieszając. Zdjąć z ognia i dodać wyciśnięty świeży sok z cytryny.

2. Następnie włóż brokuły do koszyka do gotowania na parze ustawionego nad garnkiem z gotującą się wodą. Przykryj i gotuj, aż będą chrupiące, przez 2 osoby

do 3 minut. Dobrze odcedź, a następnie przełóż na duży talerz do serwowania. Posyp mieszanką migdałową. Cieszyć się.

Informacje o wartościach odżywczych:kcal 350 Tłuszcz: 7 g Błonnik: 3 g Białko: 6 g

Pasteciki z shiitake i szpinakiem Porcje: 8

Czas gotowania: 15 minut

Składniki:

1 ½ szklanki posiekanych grzybów shiitake

1 ½ szklanki posiekanego szpinaku

3 ząbki czosnku, posiekane

2 cebule, posiekane

4 łyżeczki Oliwa z oliwek

1 jajko

1 ½ szklanki ugotowanej komosy ryżowej

1 ½ łyżeczki Przyprawa włoska

1/3 szklanki prażonych nasion słonecznika, zmielonych

1/3 szklanki startego sera Pecorino

Wskazówki:

1. W rondlu rozgrzej oliwę z oliwek. Gdy będą gorące, smaż grzyby shiitake przez 3 minuty lub do momentu, aż lekko się przysmażą. Dodajemy czosnek i

cebulę. Smaż przez 2 minuty lub do momentu, aż zacznie pachnieć i będzie półprzezroczysty. Odłożyć na bok.

2. W tym samym rondlu rozgrzej pozostałą oliwę z oliwek. Dodaj szpinak. Zmniejszyć ogień, następnie dusić przez 1 minutę, odcedzić i przełożyć na sitko.

3. Szpinak drobno posiekać i dodać do masy grzybowej. Dodaj jajko do mieszanki szpinakowej. Dodaj ugotowaną komosę ryżową – dopraw przyprawą włoską, a następnie wymieszaj, aż składniki dobrze się połączą. Posypać nasionami słonecznika i serem.

4. Podziel mieszaninę szpinaku na kotlety — ugotuj paszteciki w ciągu 5

minut lub do momentu, aż będą twarde i złocistobrązowe. Podawać z pieczywem burgerowym.

Informacje o wartościach odżywczych:Kalorie 43 Węglowodany: 9 g Tłuszcz: 0 g Białko: 3 g

Sałatka z kalafiora i brokułów Porcje: 6

Czas gotowania: 20 minut

Składniki:

¼ łyżeczki Pieprz Czarny, mielony

3 szklanki różyczek kalafiora

1 łyżka. Ocet

1 łyżeczka. Miód

8 szklanek jarmużu, posiekanego

3 szklanki różyczek brokułów

4 łyżki Oliwa z oliwek z pierwszego tłoczenia

½ łyżeczki Sól

1 ½ łyżeczki Musztarda Dijon

1 łyżeczka. Miód

½ szklanki suszonych wiśni

1/3 szklanki posiekanych orzechów pekan

1 szklanka sera Manchego, ogolona

Wskazówki:

1. Rozgrzej piekarnik do 200° F i umieść blachę do pieczenia na środkowej półce.

2. Następnie w dużej misce umieść różyczki kalafiora i brokułów.

3. Do tego dodać połowę soli, dwie łyżki oliwy i pieprz. Dobrze rzuć.

4. Teraz przenieś mieszaninę na podgrzany arkusz i piecz przez 12 minut, w międzyczasie raz ją przewracając.

5. Gdy ciasto stanie się miękkie i złociste, wyjmij je z piekarnika i pozostaw do całkowitego ostygnięcia.

6. W międzyczasie w drugiej misce wymieszaj pozostałe dwie łyżki oliwy, ocet, miód, musztardę i sól.

7. Posmaruj tą mieszanką liście jarmużu, masując liście rękami. Odstaw na 3 do 5 minut.

8. Na koniec dodaj pieczone warzywa, ser, wiśnie i orzechy pekan do sałatki brokułowo-kalafiorowej.

Informacje o wartościach odżywczych:Kalorie: 259 kcalBiałko: 8,4 g Węglowodany: 23,2 g Tłuszcz: 16,3 g

Sałatka Z Kurczakiem Z Chińskim Porcji: 3

Czas gotowania: 25 minut

Składniki:

1 średnia zielona cebula (cienkie plasterki)

2 Piersi z kurczaka bez kości

2 łyżki sosu sojowego

¼ łyżeczki białego pieprzu

1 łyżka oleju sezamowego

4 szklanki sałaty rzymskiej (posiekanej)

1 szklanka kapusty (rozdrobnionej)

¼ szklanki małych kostek marchewki

¼ szklanki pokrojonych w cienkie plasterki migdałów

¼ szklanki makaronu (tylko do podania)

Do przygotowania sosu chińskiego:

1 Zmielony ząbek czosnku

1 łyżeczka sosu sojowego

1 łyżka oleju sezamowego

2 łyżki octu ryżowego

1 łyżka cukru

Wskazówki:

1. Przygotować sos chiński, mieszając w misce wszystkie składniki.

2. W misce marynuj piersi z kurczaka z czosnkiem, oliwą, sosem sojowym i białym pieprzem przez 20 minut.

3. Włóż naczynie do pieczenia do nagrzanego piekarnika (225°C).

4. Ułóż piersi z kurczaka w naczyniu do pieczenia i piecz prawie 20 minut

minuty.

5. Do przygotowania sałatki połącz sałatę rzymską, kapustę, marchewkę i zieloną cebulę.

6. Do podania połóż kawałek kurczaka na talerzu i połóż na nim sałatkę. Polej sosem razem z makaronem.

Informacje o wartościach odżywczych:Kalorie 130 Węglowodany: 10 g Tłuszcz: 6 g Białko: 10 g

Porcje nadziewane papryką z amarantusem i komosą ryżową: 4

Czas gotowania: 1 godzina i 10 minut

Składniki:

2 łyżki amarantusa

1 średnia cukinia, obrana i starta

2 dojrzałe pomidory pokrojone w kostkę

2/3 szklanki (około 135 g) komosy ryżowej

1 cebula, średnia, drobno posiekana

2 zmiażdżone ząbki czosnku

1 łyżeczka mielonego kminku

2 łyżki lekko prażonych nasion słonecznika 75 g serka ricotta, świeżego

2 łyżki porzeczek

4 papryki, duże, przekrojone wzdłuż na pół i pozbawione nasion 2 łyżki natki pietruszki płaskolistnej, grubo posiekanejWskazówki:

1. Wyłóż blachę do pieczenia, najlepiej dużą, papierem do pieczenia (nieprzywierającym), a następnie rozgrzej piekarnik do 150 F. Napełnij

średniej wielkości rondelek około pół litrem wody, następnie dodaj amarantus i komosę ryżową; doprowadzić do wrzenia na umiarkowanym ogniu. Gdy już to zrobisz, zmniejsz ogień do niskiego; przykryj i gotuj na wolnym ogniu, aż ziarna staną się al dente, a woda zostanie wchłonięta, przez 12 do 15

minuty. Zdjąć z ognia i odstawić.

2. W międzyczasie dużą patelnię posmaruj olejem i rozgrzej na średnim ogniu. Gdy będzie już gorąca, dodaj cebulę z cukinią i smaż, aż zmiękną, przez kilka minut, często mieszając. Dodaj kminek i czosnek; gotować przez minutę. Zdjąć z ognia i odstawić do ostygnięcia.

3. Do miski miksującej, najlepiej dużej wielkości, włóż ziarna, mieszankę cebuli, nasiona słonecznika, porzeczki, natkę pietruszki, ricottę i pomidora; dobrze wymieszaj składniki, aż dobrze się połączą – dopraw pieprzem i solą do smaku.

4. Napełnij papryki przygotowaną mieszanką komosy ryżowej i ułóż je na blasze, przykrywając ją folią aluminiową — piecz przez 17 do 20 minut

minuty. Zdejmij folię i piecz, aż nadzienie zmieni kolor na złoty, a warzywa staną się miękkie jak na widelcu, przez kolejne 15 do 20 minut.

<u>Informacje o wartościach odżywczych:</u>kcal 200 Tłuszcz: 8,5 g Błonnik: 8 g Białko: 15 g

Chrupiący filet rybny w serowej panierce

Porcje: 4

Czas gotowania: 10 minut

Składniki:

¼ szklanki pełnoziarnistej bułki tartej

¼ szklanki startego parmezanu

¼ łyżeczki soli morskiej ¼ łyżeczki mielonego pieprzu

1-łyżka oliwa z oliwek 4 szt. filetów z tilapii

Wskazówki:

1. Rozgrzej piekarnik do 100°C.

2. W misce wymieszaj bułkę tartą, parmezan, sól, pieprz i oliwę z oliwek.

3. Dobrze wymieszaj, aż składniki zostaną dokładnie wymieszane.

4. Posmaruj filety mieszanką i ułóż każdy na lekko spryskanej blasze do pieczenia.

5. Włóż blachę do piekarnika.

6. Piecz przez 10 minut, aż filety będą ugotowane i brązowawe.

Informacje o wartościach odżywczych:Kalorie: 255 Tłuszcz: 7 g Białko: 15,9 g
Węglowodany: 34 g Błonnik: 2,6 g

Białkowa Fasola Mocy I Zielone Nadziewane Muszle

Składniki:

Sól prawdziwa lub morska

Oliwa z oliwek

12 uncji. pęczek muszli różnej wielkości (około 40 sztuk) 1 funt zestalonego, przekrojonego szpinaku

2 do 3 ząbków czosnku, pozbawionych i podzielonych

15 do 16 uncji ricotta cheddar (najlepiej pełnotłusty/pełne mleko) 2 jajka

1 puszka białej fasoli (na przykład cannellini), wyczerpana i przepłukana

½ C zielonego pesto, robionego na zamówienie lub kupowanego lokalnie. Mielony ciemny pieprz

3 C (lub więcej) sosu marinara

Mielony parmezan lub ser cheddar pecorino (opcjonalnie)Wskazówki:

1. Podgrzej co najmniej 5 litrów wody do wrzenia w ogromnym garnku (lub rozprowadź w dwóch mniejszych kawałkach). Dodaj łyżkę soli, odrobinę oliwy z oliwek i muszelki. Bąbelkuj przez około 9 minut (lub do momentu, aż będzie bardzo twarda), mieszając sporadycznie, aby zachować izolację

muszli. Muszle delikatnie przełóż na durszlak lub wyjmij z wody otwartą łyżką. Szybko umyć zimną wodą. Wyłóż obramowany arkusz grzewczy folią spożywczą. Gdy muszle ostygną już wystarczająco, rozłóż je ręcznie, wylewając nadmiar wody i tworząc samotną warstwę na arkuszowym pojemniku. Po praktycznie ostygnięciu smaruj stopniowo plastikową folią.

2. Doprowadź kilka litrów wody (lub wykorzystaj pozostałą wodę z makaronu, jeśli jej nie wylałeś) do bańki w podobnym garnku. Dodaj zestalony szpinak i gotuj przez trzy minuty na wysokim poziomie, aż będzie delikatny. Wyłóż durszlak rozmoczonymi ręcznikami papierowymi, jeśli otwory są ogromne, w tym miejscu włóż szpinak. Ustaw durszlak nad miską, aby wyczerpać go więcej, zanim zaczniesz napełniać.

3. Do malaksera włóż sam czosnek i ubijaj, aż zostanie drobno posiekany i przylgnie do boków. Zdrap boki miski, w tym miejscu umieść ricottę, jajka, fasolę, pesto, 1½

łyżeczki soli i kilka miar pieprzu (duże wyciśnięcie). Ściśnij szpinak w dłoni, aby całkowicie opróżnić go z pozostałej wody, a następnie dodaj do różnych składników w robocie kuchennym. Ubijaj, aż masa będzie praktycznie gładka, z kilkoma kawałkami szpinaku wciąż wyczuwalnymi. Skłaniam się ku temu, aby nie smakować po dodaniu surowego jajka, ale zakładając, że uznasz trochę jego podstawowy smak i zmodyfikujesz aromat do smaku.

4. Rozgrzej brojlera do 350 (F) i umyj lub delikatnie naoliw 9 x 13"

patelni, jako dodatek do innego mniejszego dania gulaszowego (około 8 do 10 muszli nie zmieści się w 9 x 13). Aby napełnić muszelki, należy po kolei zdobywać każdą muszlę, trzymając ją otwartą kciukiem i palcem wskazującym niedominującej dłoni. Drugą ręką nabierz 3 do 4 łyżek stołowych i zdrap skorupkę. Większa część z nich nie będzie wyglądać świetnie, i to jest w porządku! Napełnione muszelki umieszczać blisko siebie w gotowym pojemniku. Połóż łyżkę sosu na muszlach, tak aby kawałki zielonego nadzienia były nie do pomylenia. Posmaruj pojemnik ławiczką i gotuj przez 30 minut. Zwiększ temperaturę do 375 (F), posyp muszelki odrobiną mielonego parmezanu (jeśli używasz) i podgrzewaj przez kolejne 5

do 10 minut, aż ser cheddar się rozpuści i zmniejszy się wilgotność.

5. Ochłodź przez 5 do 10 minut, po czym podawaj samodzielnie lub ze świeżym talerzem mieszanych warzyw!

Składniki na sałatkę azjatycką z makaronem:

8 uncji długości lekki makaron pełnoziarnisty — na przykład spaghetti (użyj makaronu soba, aby być bezglutenowym) 24 uncje Mann's Broccoli Cole Slaw — 2 12-uncjowe worki 4 uncje mielonej marchewki

1/4 szklanki oliwy z oliwek z pierwszego tłoczenia

1/4 szklanki octu ryżowego

3 łyżki nektaru — użyj jasnego nektaru z agawy, aby zadowolić miłośników warzyw

3 łyżki gładkiego kremu orzechowego

2 łyżki sosu sojowego o niskiej zawartości sodu – w razie potrzeby bezglutenowego 1 łyżka sosu pieprzowego Sriracha – lub sosu czosnkowo-chili, dodatkowo do smaku

1 łyżka posiekanego młodego imbiru

2 łyżeczki mielonego czosnku – około 4 ząbki 3/4 szklanki pieczonych, niesolonych orzeszków ziemnych – zazwyczaj posiekanych 3/4 szklanki świeżej kolendry – drobno posiekanej

Wskazówki:

1. Podgrzej duży garnek osolonej wody do momentu wrzenia. Ugotuj makaron, aż będzie nieco twardy, zgodnie z nagłówkami pakietu. Przepłucz i

szybko przepłucz zimną wodą, aby usunąć nadmiar skrobi i zatrzymać gotowanie. W tym momencie przejdź do dużej miski do serwowania. Dodaj brokułową sałatkę coleslaw i marchewkę.

2. Podczas gdy makaron się gotuje, wymieszaj oliwę z oliwek, ocet ryżowy, nektar, pastę orzechową, sos sojowy, Sriarchę, imbir i czosnek. Wlać mieszankę makaronową i rzucić, aby skonsolidować. Dodaj orzeszki ziemne i kolendrę i ponownie wrzuć. Podawać schłodzone lub w temperaturze pokojowej z dodatkowym sosem Sriracha, według uznania.

3. Uwagi do formuły

4. Sałatkę azjatycką z makaronem można podawać na zimno lub w temperaturze pokojowej.

Przechowuj w lodówce w wodoodpornym/powietrzoszczelnym uchwycie nawet przez 3 dni.

Łosoś i fasolka szparagowa Porcje: 4

Czas gotowania: 26 minut

Składniki:

2 łyżki oliwy z oliwek

1 żółta cebula, posiekana

4 filety z łososia, bez kości

1 szklanka zielonej fasolki, przyciętej i przekrojonej na pół

2 ząbki czosnku, posiekane

½ szklanki bulionu z kurczaka

1 łyżeczka chili w proszku

1 łyżeczka słodkiej papryki

Szczypta soli i czarnego pieprzu

1 łyżka posiekanej kolendry

Wskazówki:

1. Rozgrzej patelnię z oliwą na średnim ogniu, dodaj cebulę, wymieszaj i smaż przez 2 minuty.

2. Dodaj rybę i smaż przez 2 minuty z każdej strony.

3. Dodaj resztę składników, delikatnie wymieszaj i piecz wszystko w temperaturze 360 stopni F przez 20 minut.

4. Rozłóż wszystko pomiędzy talerze i podawaj na obiad.

Informacje o wartościach odżywczych:kalorie 322, tłuszcz 18,3, błonnik 2, węglowodany 5,8, białko 35,7

Serowy nadziewany kurczak Składniki:

2 szalotki (skromnie pokrojone)

2 nasiona papryczek jalapeño (skromnie pokrojone)

1/4 w. kolendra

1 łyżeczka. limonkowa pizza

4 uncje Cheddar Monterey Jack (grubo zmielony) 4 małe piersi z kurczaka, bez kości i skóry

3 łyżki Oliwa z oliwek

Sól

Pieprz

3 łyżki sok limonkowy

2 papryczki dzwonkowe (delikatnie pokrojone)

1/2 małej czerwonej cebuli (mniej pokrojonej)

5 w. porwana sałata rzymska

Wskazówki:

1. Podgrzej brojlera do 450°F. W misce wymieszaj szalotkę i papryczki jalapeño z nasionami, 1/4 szklanki kolendry (posiekanej) i limonkę na wynos, a następnie dodaj ser cheddar Monterey Jack.

2. Dołóż ostrze do najgrubszego kawałka każdego z piersi kurczaka bez kości i skóry i poruszaj się tam i z powrotem, aby utworzyć kieszeń o średnicy 2 1/2 cala, która będzie tak szeroka, jak to tylko możliwe bez doświadczenia. Nadziewaj kurczaka mieszanką sera cheddar.

3. Rozgrzej 2 łyżki oliwy z oliwek na ogromnej patelni na średnim ogniu.

Dopraw kurczaka solą i pieprzem i smaż, aż będzie olśniewająco ciemniejszy z jednej strony, od 3 do 4 minut. Odwróć kurczaka i smaż, aż będzie ugotowany, od 10 do 12 minut.

4. W międzyczasie w dużej misce wymieszaj sok z limonki, 1

łyżka oliwy z oliwek i 1/2 łyżeczki soli. Dodaj paprykę i czerwoną cebulę i odstaw na 10 minut, sporadycznie mieszając. Podawaj z sałatą rzymską i 1 szklanką świeżej kolendry. Podajemy z kurczakiem i kawałkami limonki.

Rukola Z Sosem Gorgonzola Porcje: 4

Czas gotowania: 0 minut

Składniki:

1 pęczek rukoli, oczyszczonych

1 gruszka, pokrojona w cienkie plasterki

1 łyżka świeżego soku z cytryny

1 ząbek czosnku, rozgnieciony

1/3 szklanki sera Gorgonzola, pokruszonego

1/4 szklanki bulionu warzywnego o obniżonej zawartości sodu

Świeżo zmielony pieprz

4 łyżeczki oliwy z oliwek

1 łyżka octu jabłkowego

Wskazówki:

1. Do miski włóż plasterki gruszki i sok z cytryny. Wrzucić do płaszcza.

Na talerzu ułożyć plasterki gruszki wraz z rukolą.

2. W misce wymieszaj ocet, olej, ser, bulion, pieprz i czosnek. Pozostaw na 5 minut, usuń czosnek. Nałóż dressing i podawaj.

Informacje o wartościach odżywczych:Kalorie 145 Węglowodany: 23 g Tłuszcz: 4 g Białko: 6 g

Zupa kapuśniakowa Porcje: 6

Czas gotowania: 35 minut

Składniki:

1 żółta cebula, posiekana

1 zielona główka kapusty, posiekana

2 łyżki oliwy z oliwek

5 szklanek bulionu warzywnego

1 marchewka, obrana i starta

Szczypta soli i czarnego pieprzu

1 łyżka posiekanej kolendry

2 łyżeczki tymianku, posiekanego

½ łyżeczki wędzonej papryki

½ łyżeczki ostrej papryki

1 łyżka soku z cytryny

Ryż kalafiorowy Porcje: 4

Czas gotowania: 10 minut

Składniki:

¼ szklanki oleju kuchennego

1 łyżka. Olej kokosowy

1 łyżka. Cukier kokosowy

4 szklanki kalafiora podzielonego na różyczki ½ łyżeczki. Sól

Wskazówki:

1. Najpierw zmiel kalafior w robocie kuchennym i miksuj przez 1 do 2 minut.

2. Rozgrzej olej na dużej patelni na średnim ogniu, następnie włóż na patelnię ryżowego kalafiora, cukier kokosowy i sól.

3. Dobrze je połącz i gotuj przez 4 do 5 minut lub do momentu, aż kalafior będzie lekko miękki.

4. Na koniec wlej mleko kokosowe i delektuj się nim.

<u>Informacje o wartościach odżywczych:</u>Kalorie: 108 kcal Białka: 27,1 g Węglowodany: 11 g Tłuszcze: 6 g

Feta Frittata i szpinak Porcje: 4

Czas gotowania: 10 minut

Składniki:

½ małej brązowej cebuli

250 g szpinaku baby

½ szklanki sera feta

1 łyżka pasty czosnkowej

4 ubite jajka

Mieszanka Przyprawowa

Sól i pieprz według smaku

1 łyżka oliwy z oliwek

Wskazówki:

1. Dodajemy drobno posiekaną cebulę na oleju i smażymy na średnim ogniu.

2. Dodać szpinak do jasnobrązowej cebuli i dusić przez 2 min.

3. Do jajek dodać mieszankę zimnego szpinaku i cebuli.

4. Teraz dodaj pastę czosnkową, sól i pieprz i wymieszaj mieszaninę.

5. Gotuj tę mieszaninę na małym ogniu i delikatnie wymieszaj jajka.

6. Do jajek dodać ser feta i postawić patelnię pod nagrzanym już grillem.

7. Gotuj prawie przez 2 do 3 minut, aż frittata będzie brązowa.

8. Podawaj frittatę feta na gorąco lub na zimno.

<u>Informacje o wartościach odżywczych:</u>Kalorie 210 Węglowodany: 5 g Tłuszcz: 14 g Białko: 21 g

Naklejki na garnek z ognistym kurczakiem

Składniki:

1-funtowy mielony kurczak

1/2 szklanki zniszczonej kapusty

1 marchewka, obrana i zniszczona

2 ząbki czosnku, wyciśnięte

2 zielone cebule, drobno pokrojone

1 łyżka sosu sojowego o obniżonej zawartości sodu

1 łyżka sosu hoisin

1 łyżka naturalnie mielonego imbiru

2 łyżeczki oleju sezamowego

1/4 łyżeczki mielonego białego pieprzu

36 wontonowych opakowań

2 łyżki oleju roślinnego

NA GORĄCY SOS CHILI Z OLEJEM:

1/2 szklanki oleju roślinnego

1/4 szklanki suszonych czerwonych chilli, rozgniecionych

2 ząbki czosnku, posiekane

Wskazówki:

1. Rozgrzej olej roślinny na małej patelni na średnim ogniu. Wymieszaj zmiażdżoną paprykę i czosnek, mieszając co jakiś czas, aż olej osiągnie temperaturę 180 stopni F, około 8-10 minut; umieścić w bezpiecznym miejscu.

2. W ogromnej misce połącz kurczaka, kapustę, marchewkę, czosnek, dymkę, sos sojowy, sos hoisin, imbir, olej sezamowy i biały pieprz.

3. Aby zebrać pierogi, połóż opakowania na powierzchni roboczej.

Włóż 1 łyżkę mieszanki kurczaka w centralny punkt każdego opakowania. Palcem pocieraj brzegi opakowania wodą. Zagnieć mieszaninę na nadzieniu, aby uzyskać kształt półksiężyca, ściskając krawędzie, aby je zamknąć.

4. Rozgrzej olej roślinny na dużej patelni na średnim ogniu.

Umieść naklejki na garnkach w osobnej warstwie i gotuj, aż będą lśniące i świeże, około 2-3 minuty z każdej strony.

5. Podawać natychmiast z gorącym sosem z oleju gulaszowego.

Krewetki czosnkowe z tartym kalafiorem

Porcje: 2

Czas gotowania: 15 minut

Składniki:

Do przygotowywania krewetek

1 funt krewetek

2-3 łyżki przyprawy Cajun

Sól

1 łyżka masła/ghee

Do przygotowania kaszy kalafiorowej

2 łyżki ghee

12 uncji kalafiora

1 ząbek czosnku

Sól dla smaku

Wskazówki:

1. Ugotuj kalafior i czosnek w 8 uncjach wody na średnim ogniu, aż będą miękkie.

2. Zmiksuj delikatny kalafior w robocie kuchennym z ghee. Stopniowo dodawaj parującą wodę, aby uzyskać odpowiednią konsystencję.

3. Posyp krewetki 2 łyżkami przyprawy Cajun i zamarynuj.

4. Na dużej patelni weź 3 łyżki ghee i usmaż krewetki na średnim ogniu.

5. Do miski włóż dużą łyżkę kaszy kalafiorowej i uzupełnij smażonymi krewetkami.

Informacje o wartościach odżywczych:Kalorie 107 Węglowodany: 1 g Tłuszcz: 3 g Białko: 20 g

Brokuły z tuńczykiem Porcje: 1

Czas gotowania: 10 minut

Składniki:

1 łyżeczka. Oliwa z oliwek z pierwszego tłoczenia

3 uncje Tuńczyk w wodzie, najlepiej lekki i gruby, odsączony 1 łyżka. Orzechy włoskie, grubo posiekane

2 szklanki brokułów, drobno posiekanych

½ łyżeczki Ostry sos

Wskazówki:

1. Rozpocznij od wymieszania brokułów, przypraw i tuńczyka w dużej misce, aż zostaną dobrze połączone.

2. Następnie włóż warzywa do mikrofalówki na 3 minuty lub do miękkości

3. Następnie dodaj do miski orzechy włoskie i oliwę z oliwek i dobrze wymieszaj.

4. Podawaj i ciesz się.

Informacje o wartościach odżywczych: Kalorie 259 kcal Białka: 27,1 g Węglowodany: 12,9 g Tłuszcz: 12,4 g

Zupa Z Dyni Piżmowej Z Krewetkami Porcje: 4

Czas gotowania: 20 minut

Składniki:

3 łyżki niesolonego masła

1 mała czerwona cebula, drobno posiekana

1 ząbek czosnku, pokrojony w plasterki

1 łyżeczka kurkumy

1 łyżeczka soli

¼ łyżeczki świeżo zmielonego czarnego pieprzu

3 szklanki bulionu warzywnego

2 szklanki obranej dyni piżmowej pokrojonej w ¼-calową kostkę 1 funt gotowanych obranych krewetek, w razie potrzeby rozmrożonych 1 szklanka niesłodzonego mleka migdałowego

¼ szklanki posiekanych migdałów (opcjonalnie)

2 łyżki drobno posiekanej świeżej natki pietruszki płaskolistnej 2 łyżeczki startej lub posiekanej skórki z cytryny

Wskazówki:

1. W dużym garnku rozpuść masło na dużym ogniu.

2. Dodaj cebulę, czosnek, kurkumę, sól i pieprz i smaż, aż warzywa będą miękkie i półprzezroczyste, od 5 do 7 minut.

3. Dodać bulion i dynię, zagotować.

4. Gotuj na wolnym ogniu przez 5 minut.

5. Dodaj krewetki i mleko migdałowe i gotuj aż do podgrzania przez około 2 minuty.

6. Posyp migdałami (jeśli używasz), natką pietruszki i skórką z cytryny i podawaj.

Informacje o wartościach odżywczych:Kalorie 275 Tłuszcz całkowity: 12 g Węglowodany ogółem: 12 g Cukier: 3 g Błonnik: 2 g Białko: 30 g Sód: 1665 mg

Smaczne pieczone kulki z indyka Porcje: 6

Czas gotowania: 30 minut

Składniki:

1 funt mielonego indyka

½ szklanki świeżej bułki tartej, białej lub pełnoziarnistej ½ szklanki parmezanu, świeżo startego

½-łyżka bazylia, świeżo posiekana

½-łyżka oregano, świeżo posiekane

1 szt. duże jajko, ubite

1-łyżka natka pietruszki, świeżo posiekana

3 łyżki mleka lub wody

Odrobina soli i pieprzu

Szczypta świeżo startej gałki muszkatołowej

Wskazówki:

1. Rozgrzej piekarnik do 150°F.

2. Wyłóż dwie blachy do pieczenia papierem pergaminowym.

3. Wymieszaj wszystkie składniki w dużej misce.

4. Z mieszanki uformuj 1-calowe kulki i umieść każdą kulkę w formie do pieczenia.

5. Włóż patelnię do piekarnika.

6. Piec przez 30 minut lub do momentu, aż indyk będzie ugotowany, a jego powierzchnia stanie się brązowa.

7. Obróć klopsiki w połowie gotowania.

Informacje o wartościach odżywczych:Kalorie: 517 kalorii Tłuszcz: 17,2 g Białko: 38,7 g Węglowodany: 52,7 g Błonnik: 1 g

Przezroczysta zupa z małży Porcje: 4

Czas gotowania: 15 minut

Składniki:

2 łyżki niesolonego masła

2 średnie marchewki, pokrojone na ½-calowe kawałki

2 łodygi selera, pokrojone w cienkie plasterki

1 mała czerwona cebula, pokrojona w ¼-calową kostkę

2 ząbki czosnku, pokrojone w plasterki

2 szklanki bulionu warzywnego

1 (8-uncjowa) butelka soku z małży

1 (10 uncji) puszka małży

½ łyżeczki suszonego tymianku

½ łyżeczki soli

¼ łyżeczki świeżo zmielonego czarnego pieprzu

Wskazówki:

1. Rozpuść masło w dużym garnku, na dużym ogniu.

2. Dodaj marchewkę, seler, cebulę i czosnek i smaż, aż lekko zmiękną przez 2 do 3 minut.

3. Dodać bulion i sok z małży i zagotować.

4. Dusić i gotować, aż marchewki będą miękkie, od 3 do 5 minut.

5. Dodać małże i ich sok, tymianek, sól i pieprz, podgrzać przez 2–3 minuty i podawać.

Informacje o wartościach odżywczych:Kalorie 156 Tłuszcz całkowity: 7 g Węglowodany ogółem: 7 g Cukier: 3 g Błonnik: 1 g Białko: 14 g Sód: 981 mg

Porcje w garnku z ryżem i kurczakiem: 4

Czas gotowania: 25 minut

Składniki:

1 funt piersi z kurczaka z wolnego wybiegu, bez kości i skóry ¼ szklanki brązowego ryżu

¾ funta wybranych grzybów, pokrojonych w plasterki

1 por, posiekany

¼ szklanki posiekanych migdałów

1 szklanka wody

1 łyżka Oliwa z oliwek

1 szklanka zielonej fasolki

½ szklanki octu jabłkowego

2 łyżki stołowe. mąka uniwersalna

1 szklanka mleka o niskiej zawartości tłuszczu

¼ szklanki świeżo startego parmezanu

¼ szklanki kwaśnej śmietany

Szczypta soli morskiej, w razie potrzeby dodaj więcej

mielony czarny pieprz, do smaku

Wskazówki:

1. Do garnka wsyp brązowy ryż. Dodaj wodę. Przykryć i doprowadzić do wrzenia. Zmniejsz ogień, a następnie gotuj na wolnym ogniu przez 30 minut lub do momentu, aż ryż będzie ugotowany.

2. W międzyczasie na patelnię włóż pierś kurczaka i zalej tyle wody, aby przykryła – dopraw solą. Zagotuj mieszaninę, następnie zmniejsz ogień i gotuj na wolnym ogniu przez 10 minut.

3. Rozdrobnij kurczaka. Odłożyć na bok.

4. Rozgrzej oliwę z oliwek. Gotuj pory do miękkości. Dodaj do grzybów.

5. Do mieszanki wlej ocet jabłkowy. Smażyć mieszaninę, aż ocet odparuje. Na patelnię dodaj mąkę i mleko.

Posypać parmezanem i dodać śmietanę. Dopraw czarnym pieprzem.

6. Rozgrzej piekarnik do 150 stopni F. Lekko nasmaruj naczynie żaroodporne olejem.

7. W naczyniu żaroodpornym rozłóż ugotowany ryż, na wierzch połóż posiekanego kurczaka i fasolkę szparagową. Dodać sos z grzybów i porów.

Na wierzch połóż migdały.

8. Piec w ciągu 20 minut lub do złotego koloru. Pozwól ostygnąć przed podaniem.

<u>Informacje o wartościach odżywczych:</u>Kalorie 401 Węglowodany: 54 g Tłuszcz: 12 g Białko: 20 g

Smażona mieszanina krewetek Jambalaya

Porcje: 4

Czas gotowania: 30 minut

Składniki:

10 uncji średnie krewetki, obrane

¼ szklanki posiekanego selera ½ szklanki posiekanej cebuli

1-łyżka oliwa lub masło ¼ łyżeczki czosnku, posiekanego

¼ łyżeczki soli cebulowej lub morskiej

⅓ szklanki sosu pomidorowego ½ łyżeczki wędzonej papryki

½ łyżeczki sosu Worcestershire

⅔ szklanki posiekanej marchewki

1¼ szklanki kiełbasy z kurczaka, wstępnie ugotowanej i pokrojonej w kostkę 2 szklanki soczewicy namoczonej przez noc i wstępnie ugotowanej 2 szklanki posiekanej okry

Odrobina pokruszonej czerwonej papryki i czarnego pieprzu, parmezanu, startego do posypania (opcjonalnie)<u>Wskazówki:</u>

1. Podsmaż krewetki, seler i cebulę na oleju na patelni umieszczonej na średnim ogniu przez pięć minut lub do momentu, aż krewetki staną się różowawe.

2. Dodaj resztę składników i smaż dalej przez 10

minut lub do momentu, aż warzywa będą miękkie.

3. Przed podaniem podziel mieszaninę jambalaya równo pomiędzy cztery miski.

4. W razie potrzeby posyp pieprzem i serem.

Informacje o wartościach odżywczych:Kalorie: 529 Tłuszcz: 17,6 g Białko: 26,4 g Węglowodany: 98,4 g Błonnik: 32,3 g

Kurczak Chili Porcje: 6

Czas gotowania: 1 godzina

Składniki:

1 żółta cebula, posiekana

2 łyżki oliwy z oliwek

2 ząbki czosnku, posiekane

1-funtowa pierś z kurczaka, bez skóry, bez kości i pokrojona w kostkę 1 zielona papryka, posiekana

2 szklanki bulionu z kurczaka

1 łyżka kakao w proszku

2 łyżki chili w proszku

1 łyżeczka wędzonej papryki

1 szklanka pomidorów z puszki, posiekanych

1 łyżka posiekanej kolendry

Szczypta soli i czarnego pieprzu

Wskazówki:

1. Rozgrzej garnek z oliwą na średnim ogniu, dodaj cebulę i czosnek i smaż przez 5 minut.

2. Dodać mięso i smażyć jeszcze 5 minut.

3. Dodać resztę składników, wymieszać, gotować na średnim ogniu przez 40 minut.

4. Rozłóż chili do misek i podawaj na lunch.

Informacje o wartościach odżywczych:kalorie 300, tłuszcze 2, błonnik 10, węglowodany 15, białko 11

Zupa czosnkowo-soczewicowa Porcje: 4

Czas gotowania: 15 minut

Składniki:

2 łyżki oliwy z oliwek extra virgin

2 średnie marchewki, pokrojone w cienkie plasterki

1 mała biała cebula, pokrojona w ¼-calową kostkę

2 ząbki czosnku, pokrojone w cienkie plasterki

1 łyżeczka mielonego cynamonu

1 łyżeczka soli

¼ łyżeczki świeżo zmielonego czarnego pieprzu

3 szklanki bulionu warzywnego

1 (15 uncji) puszka soczewicy, odsączona i opłukana 1 łyżka stołowa posiekanej lub startej skórki pomarańczowej

¼ szklanki posiekanych orzechów włoskich (opcjonalnie)

2 łyżki drobno posiekanej świeżej natki pietruszki płaskolistnejWskazówki:

1. W dużym garnku rozgrzej olej na dużym ogniu.

2. Włóż marchewkę, cebulę i czosnek i smaż, aż zmiękną (5–7).

minuty.

3. Dodaj cynamon, sól i pieprz i mieszaj, aby równomiernie pokryć warzywa, od 1 do 2 minut.

4. Włóż bulion i zagotuj. Gotować na wolnym ogniu, następnie włożyć soczewicę i gotować przez 1 minutę.

5. Dodaj skórkę pomarańczową i podawaj posypane orzechami włoskimi (jeśli używasz) i natką pietruszki.

Informacje o wartościach odżywczych:Kalorie 201 Tłuszcz całkowity: 8 g Węglowodany ogółem: 22 g Cukier: 4 g Błonnik: 8 g Białko: 11 g Sód: 1178 mg

Soczysta Cukinia i Kurczak W Klasycznej Smażonej Cukini Santa Fe

Porcje: 2

Czas gotowania: 15 minut

Składniki:

1-łyżka Oliwa z oliwek

2 sztuki piersi z kurczaka, pokrojone w plasterki

1 szt. cebula, mała, pokrojona w kostkę

2 ząbki czosnku, posiekane 1 szt. cukinii, pokrojone w kostkę ½ szklanki startej marchwi

1 łyżeczka papryki wędzonej 1 łyżeczka kminku mielonego

½ łyżeczki chili w proszku ¼ łyżeczki soli morskiej

2 łyżki stołowe. świeży sok z limonki

¼ szklanki kolendry, świeżo posiekanej

Podczas serwowania brązowy ryż lub komosa ryżowa

Wskazówki:

1. Smaż kurczaka na oliwie z oliwek przez około 3 minuty, aż kurczak stanie się brązowy. Odłożyć na bok.

2. Użyj tego samego woka i dodaj cebulę i czosnek.

3. Gotuj, aż cebula będzie miękka.

4. Dodaj marchewkę i cukinię.

5. Mieszaj mieszaninę i gotuj dalej przez około minutę.

6. Dodaj wszystkie przyprawy do mieszanki i mieszaj, smaż przez kolejną minutę.

7. Włóż kurczaka z powrotem do woka i polej sokiem z limonki.

8. Mieszaj i gotuj, aż wszystko się ugotuje.

9. Przed podaniem połóż mieszaninę na ugotowanym ryżu lub komosie ryżowej i posyp świeżo posiekaną kolendrą.

<u>Informacje o wartościach odżywczych:</u>Kalorie: 191 Tłuszcz: 5,3 g Białko: 11,9 g Węglowodany: 26,3 g Błonnik: 2,5 g

Tilapia Tacos Z Wspaniałą Surówką Imbirowo-Sezamową

Porcje: 4

Czas gotowania: 5 godzin

Składniki:

1 łyżeczka świeżego imbiru, startego

Sól i świeżo mielony czarny pieprz do smaku 1 łyżeczka stewii

1 łyżka sosu sojowego

1 łyżka oliwy z oliwek

1 łyżka soku z cytryny

1 łyżka jogurtu naturalnego

1,5 funta filetów z tilapii

1 szklanka mieszanki sałatki coleslaw

Wskazówki:

1. Włącz garnek instant, dodaj wszystkie składniki oprócz filetów z tilapii i mieszanki sałatki coleslaw i mieszaj, aż dobrze się połączą.

2. Następnie dodać filety, wymieszać do całkowitego pokrycia, zamknąć pokrywką, docisnąć

„powolne gotowanie" i gotuj przez 5 godzin, w połowie czasu przewracając filety.

3. Po upieczeniu przełożyć filety do naczynia i pozostawić do całkowitego ostygnięcia.

4. Aby przygotować posiłek, rozłóż mieszankę sałatki coleslaw pomiędzy czterema hermetycznymi pojemnikami, dodaj tilapię i przechowuj w lodówce przez maksymalnie trzy dni.

5. Gdy będziesz gotowy do spożycia, podgrzej tilapię w kuchence mikrofalowej, aż będzie gorąca, a następnie podawaj z sałatką coleslaw.

<u>Informacje o wartościach odżywczych:</u>Kalorie 278, całkowity tłuszcz 7,4 g, całkowita ilość węglowodanów 18,6 g, białko 35,9 g, cukier 1,2 g, błonnik 8,2 g, sód 194 mg

Gulasz z soczewicy curry Porcje: 4

Czas gotowania: 15 minut

Składniki:

1 łyżka oliwy z oliwek

1 cebula, posiekana

2 ząbki czosnku, posiekane

1 łyżka organicznej przyprawy curry

4 szklanki organicznego bulionu warzywnego o niskiej zawartości sodu 1 szklanka czerwonej soczewicy

2 szklanki ugotowanej dyni piżmowej

1 szklanka jarmużu

1 łyżeczka kurkumy

Sól morska do smaku

Wskazówki:

1. W dużym garnku na średnim ogniu podsmaż oliwę z cebulą i czosnkiem, dodaj. Smaż przez 3 minuty.

2. Dodaj organiczną przyprawę curry, bulion warzywny i soczewicę, zagotuj – gotuj przez 10 minut.

3. Wymieszaj ugotowaną dynię piżmową i jarmuż.

4. Dodaj kurkumę i sól morską do smaku.

5. Podawać na ciepło.

Informacje o wartościach odżywczych:Całkowita zawartość węglowodanów: 41 g Błonnik pokarmowy: 13 g Białko: 16 g Całkowita zawartość tłuszczu: 4 g Kalorie: 252

Sałatka Cezar z jarmużem i wrapem z grillowanym kurczakiem Porcje: 2

Czas gotowania: 20 minut

Składniki:

6 szklanek kędzierzawego jarmużu, pokrojonego na małe kawałki wielkości kęsa ½ jajka na twardo; gotowany

8 uncji grillowanego kurczaka, pokrojonego w cienkie plasterki

½ łyżeczki musztardy Dijon

¾ szklanki parmezanu, drobno posiekanego

zmielony czarny pieprz

Sól koszerna

1 ząbek czosnku, posiekany

1 szklanka pomidorków koktajlowych, pokrojona w ćwiartki

1/8 szklanki soku z cytryny, świeżo wyciśniętego

2 duże tortille lub dwa podpłomyki Lavash

1 łyżeczka agawy lub miodu

1/8 szklanki oliwy z oliwek

Wskazówki:

1. W dużej misce wymieszaj połowę ugotowanego jajka z musztardą, mielonym czosnkiem, miodem, oliwą z oliwek i sokiem z cytryny. Ubijaj, aż uzyskasz konsystencję dressingu. Doprawiamy pieprzem i solą do smaku.

2. Dodaj pomidorki koktajlowe, kurczaka i jarmuż; delikatnie mieszaj, aż ładnie pokryje się sosem, a następnie dodaj ¼ szklanki parmezanu.

3. Rozłóż podpłomyki i równomiernie rozłóż przygotowaną sałatkę na wierzchu wrapów; posyp każdą porcją około ¼ szklanki parmezanu.

4. Zwiń wrapy i przekrój je na pół. Podawaj natychmiast i ciesz się.

Informacje o wartościach odżywczych:kcal 511 Tłuszcz: 29 g Błonnik: 2,8 g Białko: 50 g

Sałatka ze szpinakiem i fasolą Porcje: 1

Czas gotowania: 5 minut

Składniki:

1 szklanka świeżego szpinaku

¼ szklanki czarnej fasoli z puszki

½ szklanki fasoli garbanzo z puszki

½ szklanki grzybów cremini

2 łyżki organicznego winegretu balsamicznego 1 łyżka oliwy z oliwek

Wskazówki:

1. Gotuj grzyby cremini z oliwą z oliwek na małym, średnim ogniu przez 5 minut, aż lekko się zarumienią.

2. Złóż sałatkę, wykładając na talerz świeży szpinak, posypując fasolą, grzybami i sosem balsamicznym.

Informacje o wartościach odżywczych:Całkowita zawartość węglowodanów: 26 g Błonnik: 8 g Białko: 9 g Całkowita zawartość tłuszczu: 15 g Kalorie: 274

Łosoś w panierce z orzechami włoskimi i rozmarynem Porcje: 6

Czas gotowania: 20 minut

Składniki:

1 Zmiel ząbek czosnku

1 łyżka musztardy Dijon

¼ łyżki skórki cytrynowej

1 łyżka soku z cytryny

1 łyżka świeżego rozmarynu

1/2 łyżki miodu

Oliwa z oliwek

Świeża pietruszka

3 łyżki posiekanych orzechów włoskich

1 funt łososia bez skóry

1 łyżka świeżo zmielonej czerwonej papryki

Sól pieprz

Kawałki cytryny do dekoracji

3 łyżki bułki tartej Panko

1 łyżka oliwy z oliwek z pierwszego tłoczenia

Wskazówki:

1. Rozłóż blachę do pieczenia w piekarniku i rozgrzej go do temperatury 240°C.

2. W misce wymieszaj pastę musztardową, czosnek, sól, oliwę, miód, sok z cytryny, pokruszoną czerwoną paprykę, rozmaryn, miód ropny.

3. Połącz panko, orzechy włoskie i olej, a następnie rozłóż na blasze cienki plaster ryby. Spryskaj równomiernie oliwą z obu stron ryby.

4. Połóż masę orzechową na łososiu i posyp musztardą.

5. Piecz łososia prawie przez 12 minut. Udekoruj świeżą natką pietruszki i cząstkami cytryny i podawaj na gorąco.

Informacje o wartościach odżywczych:Kalorie 227 Węglowodany: 0 g Tłuszcz: 12 g Białko: 29 g

Pieczone słodkie ziemniaki z czerwonym sosem Tahini Porcje: 4

Czas gotowania: 30 minut

Składniki:

15 uncji ciecierzycy w puszkach

4 Średniej wielkości słodkie ziemniaki

½ łyżki oliwy z oliwek

1 szczypta soli

1 łyżka soku z limonki

1/2 łyżki kminku, kolendry i papryki w proszku do sosu czosnkowo-ziołowego

¼ szklanki sosu tahini

½ łyżki soku z limonki

3 ząbki czosnku

Sól dla smaku

Wskazówki:

1. Rozgrzej piekarnik do 204°C. Ciecierzycę obtocz w soli, przyprawach i oliwie z oliwek. Rozłóż je na arkuszu folii.

2. Posmaruj olejem cienkie krążki słodkich ziemniaków, połóż je na marynowanej fasoli i piecz.

3. Na sos wymieszać w misce wszystkie składniki. Dodaj trochę wody, ale pamiętaj, żeby była gęsta.

4. Po 25 minutach wyjmij słodkie ziemniaki z piekarnika.

5. Udekoruj sałatkę z pieczonej ciecierzycy ze słodkich ziemniaków ostrym sosem czosnkowym.

<u>Informacje o wartościach odżywczych:</u>Kalorie 90 Węglowodany: 20 g Tłuszcz: 0 g Białko: 2 g

Włoska letnia zupa dyniowa Porcje: 4

Czas gotowania: 15 minut

Składniki:

3 łyżki oliwy z oliwek extra virgin

1 mała czerwona cebula, pokrojona w cienkie plasterki

1 ząbek czosnku, posiekany

1 szklanka startej cukinii

1 szklanka posiekanej żółtej dyni

½ szklanki startej marchewki

3 szklanki bulionu warzywnego

1 łyżeczka soli

2 łyżki drobno posiekanej świeżej bazylii

1 łyżka drobno posiekanego świeżego szczypiorku

2 łyżki orzeszków piniowych

Wskazówki:

1. W dużym garnku rozgrzej olej na dużym ogniu.

2. Włóż cebulę i czosnek i smaż, aż zmiękną, od 5 do 7 minut.

3. Dodaj cukinię, żółtą dynię i marchewkę i smaż, aż zmiękną, 1 do 2 minut.

4. Dodać bulion i sól, zagotować. Gotuj na wolnym ogniu przez 1 do 2 minut.

5. Wymieszaj bazylię i szczypiorek i podawaj posypane orzeszkami piniowymi.

Informacje o wartościach odżywczych:Kalorie 172 Tłuszcz całkowity: 15 g Węglowodany ogółem: 6 g Cukier: 3 g Błonnik: 2 g Białko: 5 g Sód: 1170 mg

Zupa szafranowo-łososiowa Porcje: 4

Czas gotowania: 20 minut

Składniki:

¼ szklanki oliwy z oliwek z pierwszego tłoczenia

2 pory, tylko białe części, pokrojone w cienkie plasterki

2 średnie marchewki, pokrojone w cienkie plasterki

2 ząbki czosnku, pokrojone w cienkie plasterki

4 szklanki bulionu warzywnego

1-funtowy filet z łososia bez skóry, pokrojony na 1-calowe kawałki 1 łyżeczka soli

¼ łyżeczki świeżo zmielonego czarnego pieprzu

¼ łyżeczki nitek szafranu

2 szklanki szpinaku baby

½ szklanki wytrawnego białego wina

2 łyżki posiekanej szalotki, zarówno białej, jak i zielonej części 2 łyżki drobno posiekanej świeżej natki pietruszki płaskolistnejWskazówki:

1. W dużym garnku rozgrzej olej.

2. Dodaj pory, marchewkę i czosnek i smaż, aż zmiękną, 5 do 7 minuty.

3. Włóż bulion i zagotuj.

4. Dusić i dodać łososia, sól, pieprz i szafran. Gotuj, aż łosoś będzie ugotowany, około 8 minut.

5. Dodaj szpinak, wino, szalotkę i pietruszkę i gotuj, aż szpinak zwiędnie (1–2 minuty) i podawaj.

<u>Informacje o wartościach odżywczych:</u>Kalorie 418 Tłuszcz całkowity: 26 g Węglowodany ogółem: 13 g Cukier: 4 g Błonnik: 2 g Białko: 29 g Sód: 1455 mg

Tajska Ostra Zupa Z Krewetkami I Grzybami O Smaku

Porcje: 6

Czas gotowania: 38 minut

Składniki:

3 łyżki niesolonego masła

1 funt krewetek, obranych i oczyszczonych

2 łyżeczki posiekanego czosnku

1-calowy kawałek korzenia imbiru, obrany

1 średnia cebula, pokrojona w kostkę

1 czerwone tajskie chili, posiekane

1 łodyga trawy cytrynowej

½ łyżeczki świeżej skórki z limonki

Sól i świeżo mielony czarny pieprz do smaku 5 szklanek bulionu z kurczaka

1 łyżka oleju kokosowego

½ funta grzybów cremini, pokrojonych w ósemki

1 mała zielona cukinia

2 łyżki świeżego soku z limonki

2 łyżki sosu rybnego

¼ pęczka świeżej tajskiej bazylii, posiekanej

¼ pęczka świeżej kolendry, posiekanej

Wskazówki:

1. Weź duży garnek, postaw go na średnim ogniu, dodaj masło, gdy się rozpuści, dodaj krewetki, czosnek, imbir, cebulę, chilli, trawę cytrynową i skórkę z limonki, dopraw solą i czarnym pieprzem i smaż przez 3 minuty.

2. Zalewamy bulionem, gotujemy 30 minut, następnie odcedzamy.

3. Rozgrzej dużą patelnię na średnim ogniu, dodaj olej, gdy będzie gorący, dodaj grzyby i cukinię, dopraw jeszcze solą i czarnym pieprzem i smaż przez 3 minuty.

4. Dodaj mieszaninę krewetek na patelnię, gotuj na wolnym ogniu przez 2 minuty, skrop sokiem z limonki i sosem rybnym i gotuj przez 1 minutę.

5. Posmakuj, aby dostosować przyprawę, następnie zdejmij patelnię z ognia, udekoruj kolendrą i bazylią i podawaj.

Informacje o wartościach odżywczych: Kalorie 223, całkowity tłuszcz 10,2 g, całkowita ilość węglowodanów 8,7 g, białko 23 g, cukier 3,6 g, sód 1128 mg

Orzo Z Suszonymi Pomidorami Składniki:

1 funt piersi kurczaka bez kości i skóry, pokrojonych w kawałki o wielkości 3/4 cala

1 łyżka + 1 łyżeczka oliwy z oliwek

Sól i grubo zmielony ciemny pieprz

2 ząbki czosnku, posiekane

1/4 szklanki (8 uncji) suchego makaronu orzo

2 3/4 szklanki bulionu z kurczaka o niskiej zawartości sodu, w tym momencie bardziej urozmaiconego (nie używaj zwykłych soków, będzie zbyt słony) 1/3 szklanki części suszonych pomidorów nadziewanych olejem z ziołami (około 12 części. Otrząsnąć porcja obfitego oleju), drobno posiekana w maszynce do odżywiania

1/2 - 3/4 szklanki drobno zniszczonego parmezanu cheddar, do smaku 1/3 szklanki posiekanej chrupiącej bazylii

Wskazówki:

1. Podgrzewanie 1 łyżka oliwy z oliwek w pojemniku do smażenia na średnim ogniu.

2. Gdy już się zarumieni, włóż kurczaka, delikatnie dopraw solą i pieprzem i smaż, aż będzie lśniący. Około 3 minuty w tym momencie przewróć na drugą

stronę i smaż, aż uzyskasz lśniący ciemny kolor i ugotowanie, około 3 minuty. Przenieś kurczaka na talerz, przykryj folią, aby utrzymać ciepło.

3. Dołącz 1 łyżeczkę oliwy z oliwek do podsmażenia potrawy, w tym momencie dodaj czosnek i smaż przez 20 sekund lub aż będzie delikatnie lśniący. W tym momencie wlej sok z kurczaka, jednocześnie zdrapując ugotowane kawałki z podstawy patelni.

4. Podgrzej bulion do punktu wrzenia, w tym makaron orzo, zmniejsz ciepło do średnio rozłożonego na patelni z przykryciem i pozwól, aby delikatnie bulgotało przez 5 minut. Odkryć, wymieszać i dalej bulgotać, aż orzo będzie delikatne, około 5 minut dłużej, czasami miksując (nie stresuj się, jeśli zostało jeszcze trochę soku, doda mu to pikantności).

5. Gdy makaron się ugotuje, wrzuć kurczaka z orzo i zdejmij z ognia. Dodaj parmezan cheddar i mieszaj aż do rozpuszczenia, po czym wrzuć suszone pomidory, bazylię i przyprawy

z pieprzem (nie powinnaś potrzebować soli, ale dodaj trochę, jeśli uznasz, że będzie potrzebna).

6. W razie potrzeby dodawaj więcej soku do rozrzedzenia (w czasie odpoczynku makaron będzie wchłaniał nadmiar płynu, a ja lubiłem go z pewną ilością nadmiaru, więc dodałem trochę więcej). Podawać na ciepło.

Zupa grzybowo-buraczana Porcje: 4

Czas gotowania: 40 minut

Składniki:

2 łyżki oliwy z oliwek

1 żółta cebula, posiekana

2 buraki, obrane i pokrojone w dużą kostkę

1-funtowe białe grzyby, pokrojone w plasterki

2 ząbki czosnku, posiekane

1 łyżka koncentratu pomidorowego

5 szklanek bulionu warzywnego

1 łyżka posiekanej natki pietruszki

Wskazówki:

1. Rozgrzej garnek z oliwą na średnim ogniu, dodaj cebulę i czosnek i smaż przez 5 minut.

2. Dodać grzyby, wymieszać i smażyć jeszcze 5 minut.

3. Dodać buraki i pozostałe składniki, doprowadzić do wrzenia i gotować na średnim ogniu jeszcze przez 30 minut, od czasu do czasu mieszając.

4. Rozlej zupę do misek i podawaj.

Informacje o wartościach odżywczych:kalorie 300, tłuszcze 5, błonnik 9, węglowodany 8, białko 7

Pulpety Z Kurczaka Parmezanem Składniki:

2 funty mielonego kurczaka

3/4 szklanki bułki tartej panko Bezglutenowe panko będzie dobre 1/4 szklanki drobno posiekanej cebuli

2 łyżki posiekanej natki pietruszki

2 ząbki czosnku posiekane

na początek 1 mała cytryna, około 1 łyżeczki 2 jajka

3/4 szklanki zniszczonego Pecorino Romano lub parmezanu cheddar 1 łyżeczka prawdziwej soli

1/2 łyżeczki grubo zmielonego ciemnego pieprzu

1 litr pięciominutowego sosu Marinara

4-6 uncji mozzarelli chrupiącej

Wskazówki:

1. Rozgrzej piec do 400 stopni, ustawiając ruszt w górnej jednej trzeciej brojlerów. W dużej misce połącz wszystko poza marinarą i mozzarellą. Delikatnie wymieszaj, używając rąk lub ogromnej łyżki. Łyżką i uformuj małe klopsiki i ułóż je na wyłożonej folią płycie grzewczej. Umieść klopsiki

naprawdę blisko siebie na talerzu, aby pasowały. Na każdy klopsik nałóż około pół łyżki sosu. Podgrzewaj przez 15 minut.

2. Wyjmij klopsiki z pieca i zwiększ temperaturę brojlerów, aby je ugotować. Na każdy klopsik nałóż dodatkową pół łyżki sosu i połóż na nim mały kwadrat mozzarelli. (Pokroiłem niewielkie kawałki na kawałki o wielkości około 1 cala). Podpiekaj przez dodatkowe 3 minuty, aż ser cheddar zmięknie i stanie się lśniący. Podawaj z dodatkowym sosem. Doceniam!

Klopsiki Alla Parmigiana Składniki:

Do klopsików

1,5 funta mielonego hamburgera (80/20)

2 łyżki ostrej pietruszki, posiekanej

3/4 szklanki mielonego parmezanu cheddar

1/2 szklanki mąki migdałowej

2 jajka

1 łyżeczka soli fit

1/4 łyżeczki mielonego ciemnego pieprzu

1/4 łyżeczki czosnku w proszku

1 łyżeczka suszonych kropli cebuli

1/4 łyżeczki suszonego oregano

1/2 szklanki ciepłej wody

Do Parmigiany

1 szklanka prostego sosu keto marinara (lub dowolnego lokalnego sosu marinara bez cukru)

4 uncje sera mozzarella cheddar

Wskazówki:

1. Połączyć całość klopsików w dużej misce i dobrze wymieszać.

2. Uformuj piętnaście 2-calowych klopsików.

3. Przygotuj w temperaturze 350 stopni (F) przez 20 minut LUB smaż na ogromnej patelni na średnim ogniu, aż będzie ugotowane. Wskazówka: spróbuj smażyć na oleju z bekonu, jeśli go masz – zawiera on inny stopień smaku. Fricasseeing pozwala uzyskać wspaniałe ciemne odcienie widoczne na powyższych zdjęciach.

4. W przypadku Parmigiany:

5. Umieść ugotowane klopsiki w naczyniu żaroodpornym.

6. Na każdy klopsik nałóż około 1 łyżkę sosu.

7. Posmaruj około 1/4 uncji sera mozzarella cheddar.

8. Przygotuj w temperaturze 350 stopni (F) przez 20 minut (40 minut, jeśli klopsiki stwardnieją) lub do momentu, aż się rozgrzeje i ser cheddar będzie lśniący.

9. Ozdabianie świeżą pietruszką, kiedy tylko chcesz.

Arkusz Pan Pierś Indyka Ze Złotymi Warzywami

Porcje: 4

Czas gotowania: 45 minut

Składniki:

2 łyżki niesolonego masła o temperaturze pokojowej 1 średnia dynia żołędziowa, pozbawiona nasion i pokrojona w cienkie plasterki 2 duże złote buraki, obrane i pokrojone w cienkie plasterki ½ średniej żółtej cebuli, pokrojonej w cienkie plasterki

½ piersi indyka bez kości, ze skórą (1 do 2 funtów) 2 łyżki miodu

1 łyżeczka soli

1 łyżeczka kurkumy

¼ łyżeczki świeżo zmielonego czarnego pieprzu

1 szklanka bulionu z kurczaka lub bulionu warzywnego

Wskazówki:

1. Rozgrzej piekarnik do 200°F. Nasmaruj blachę do pieczenia masłem.

2. Ułóż dynię, buraki i cebulę w jednej warstwie na blasze do pieczenia. Połóż indyka skórą do góry. Skropić miodem.

Doprawić solą, kurkumą i pieprzem, dodać bulion.

3. Piec, aż indyk osiągnie temperaturę 165°F w środku za pomocą termometru do natychmiastowego odczytu, od 35 do 45 minut. Wyjmij, odstaw na 5 minut.

4. Pokrój i podawaj.

<u>Informacje o wartościach odżywczych:</u>Kalorie 383 Tłuszcz całkowity: 15 g Węglowodany ogółem: 25 g Cukier: 13 g Błonnik: 3 g Białko: 37 g Sód: 748 mg

Kokosowe zielone curry z gotowanym ryżem

Porcje: 8

Czas gotowania: 20 minut

Składniki:

2 łyżki oliwy z oliwek

12 uncji tofu

2 średnie słodkie ziemniaki (pokrojone w kostkę)

Sól dla smaku

314 uncji mleka kokosowego

4 łyżki zielonej pasty curry

3 szklanki różyczek brokułów

Wskazówki:

1. Odlej tofu z nadmiaru wody i smaż na średnim ogniu. Dodaj do niego sól i smaż przez 12 minut.

2. Zagotuj mleko kokosowe, zieloną pastę curry i słodkie ziemniaki na średnim ogniu i gotuj na wolnym ogniu przez 5 minut.

3. Teraz dodaj brokuły i tofu i gotuj przez prawie 5 minut, aż brokuły zmienią kolor.

4. Podawaj kokosowe i zielone curry z garścią ugotowanego ryżu i dużą ilością rodzynek.

<u>Informacje o wartościach odżywczych:</u>Kalorie 170 Węglowodany: 34 g Tłuszcz: 2 g Białko: 3 g

Zupa ze słodkich ziemniaków i kurczaka z soczewicą Porcje: 6

Czas gotowania: 35 minut

Składniki:

10 Łodyg selera

1 Kurczak domowy lub z rożna

2 średnie słodkie ziemniaki

5 uncji francuskiej soczewicy

2 łyżki świeżego soku z limonki

Escarole wielkości ½ główki

6 pokrojonych w cienkie plasterki ząbków czosnku

½ szklanki koperku (drobno posiekać)

1 łyżka soli koszernej

2 łyżki oliwy z pierwszego tłoczenia

Wskazówki:

1. Dodaj sól, tuszę kurczaka, soczewicę i słodkie ziemniaki do 8 uncji wody i zagotuj na dużym ogniu.

2. Gotuj te produkty prawie przez 10-12 minut i usuń z nich całą pianę.

3. Czosnek i seler smażymy na oleju prawie 10 minut, aż będą miękkie

i jasnobrązowy, a następnie dodaj posiekanego pieczonego kurczaka.

4. Dodaj tę mieszaninę do zupy escarole i ciągle mieszaj przez 5

minut na średnim ogniu.

5. Dodać sok z cytryny i wymieszać z koperkiem. Podawać gorącą zupę sezonową z dodatkiem soli.

Informacje o wartościach odżywczych:Kalorie 310 Węglowodany: 45 g Tłuszcz: 11 g Białko: 13 g

Kremowa wieprzowina i pomidory Porcje: 4

Czas gotowania: 35 minut

Składniki:

2 funty gulaszu wieprzowego, pokrojonego w kostkę

2 łyżki oleju z awokado

1 szklanka pomidorów pokrojonych w kostkę

1 szklanka kremu kokosowego

1 łyżka mięty, posiekanej

1 papryczka jalapeno, posiekana

Szczypta soli morskiej i czarnego pieprzu

1 łyżka ostrej papryki

2 łyżki soku z cytryny

Wskazówki:

1. Rozgrzej patelnię z olejem na średnim ogniu, dodaj mięso i smaż przez 5 minut.

2. Dodać resztę składników, wymieszać, smażyć na średnim ogniu jeszcze 30 minut, rozłożyć na talerze i podawać.

Informacje o wartościach odżywczych:kalorie 230, tłuszcze 4, błonnik 6, węglowodany 9, białko 14

Polędwica cytrynowa Porcje: 2

Czas gotowania: 25 minut

Składniki:

¼ łyżeczki przyprawy za'atar

Skórka z 1 cytryny

½ łyżeczki suszonego tymianku

¼ łyżeczki czosnku w proszku

¼ łyżeczki soli

1 łyżka oliwy z oliwek

1 (8 uncji / 227 g) polędwiczki wieprzowej ze srebrną obramowaną skórką

Wskazówki:

1. Rozgrzej piekarnik do 220°C.

2. W misce wymieszaj przyprawę za'atar, skórkę z cytryny, tymianek, proszek czosnkowy i sól, a następnie natrzyj polędwiczkę wieprzową tą mieszanką z obu stron.

3. Rozgrzej oliwę z oliwek na patelni żaroodpornej na średnim ogniu, aż zacznie lśnić.

4. Dodaj polędwiczkę wieprzową i smaż przez 6 minut lub do momentu, aż się zarumieni.

W połowie czasu pieczenia przewróć wieprzowinę na drugą stronę.

5. Włóż patelnię do nagrzanego piekarnika i piecz przez 15 minut lub do momentu, aż termometr włożony do najgrubszej części polędwicy wskaże temperaturę co najmniej 145°F (63°C).

6. Ugotowaną polędwiczkę przełożyć na duży talerz i przed podaniem odstawić na kilka minut do ostygnięcia.

Informacje o wartościach odżywczych:kalorie: 184 ; tłuszcz: 10,8 g; węglowodany: 1,2 g; błonnik: 0g ; białko: 20,1g; sód: 358 mg

Kurczak Z Brokułami Porcje: 4

Składniki:

1 posiekana mała biała cebula

1½ w. niskotłuszczowy bulion z kurczaka o niskiej zawartości sodu

Świeżo zmielony czarny pieprz

2 w. posiekane brokuły

1 funt pokrojonych w kostkę udek z kurczaka, bez skóry i kości, 2 posiekane ząbki czosnku

Wskazówki:

1. W wolnowarze dodaj wszystkie składniki i dobrze wymieszaj.

2. Ustaw wolnowar na niski.

3. Przykryj i gotuj przez 4-5 godzin.

4. Podawać gorące.

Informacje o wartościach odżywczych:Kalorie: 300, Tłuszcz: 9 g, Węglowodany: 19 g, Białko: 31 g, Cukry: 6 g, Sód: 200 mg

Chrupiąca polędwica z kurczaka Porcje: 4

Czas gotowania: 15 minut

Składniki:

1 jajko, ubite

8 polędwiczek z kurczaka

2 łyżki oleju z awokado

½ szklanki bułki tartej

Wskazówki:

1. Rozgrzej frytownicę do temperatury 350 stopni F.

2. Zanurz kurczaka w jajku.

3. Wymieszaj olej i bułkę tartą.

4. Posmaruj kurczaka tą mieszanką.

5. Dodaj do koszyka frytkownicy.

6. Gotuj przez 15 minut.

Schab Z Pieczarkami I Ogórkami Porcje: 4

Czas gotowania: 25 minut

Składniki:

2 łyżki oliwy z oliwek

½ łyżeczki oregano, suszonego

4 kotlety schabowe

2 ząbki czosnku, posiekane

Sok z 1 limonki

¼ szklanki posiekanej kolendry

Szczypta soli morskiej i czarnego pieprzu

1 szklanka białych grzybów, przekrojona na pół

2 łyżki octu balsamicznego

Wskazówki:

1. Rozgrzej patelnię z olejem na średnim ogniu, włóż kotlety schabowe i smaż przez 2 minuty z każdej strony.

2. Dodać resztę składników, wymieszać, gotować na średnim ogniu przez 20 minut, rozłożyć na talerze i podawać.

Informacje o wartościach odżywczych:kalorie 220, tłuszcze 6, błonnik 8, węglowodany 14,2, białko 20

Pałeczki z kurczaka Porcje: 4

Składniki:

¼ w. pokrojoną w kostkę cebulę

1 opakowanie ugotowanego makaronu chow mein

Świeżo mielony pieprz

2 puszki kremowej zupy grzybowej

1 ¼ w. pokrojony seler

1 w. orzechy nerkowca

2 w. gotowany kurczak w kostce

½ w. woda

Wskazówki:

1. Rozgrzej piekarnik do 100°C.

2. Do garnka odpowiedniego do piekarnika wlać obie puszki kremu zupy grzybowej i wodę. Mieszaj aż do połączenia.

3. Do zupy dodać ugotowanego kurczaka pokrojonego w kostkę, cebulę, seler, paprykę, orzechy nerkowca. Mieszaj aż do połączenia. Dodaj połowę makaronu do mieszanki, mieszaj, aż pokryje się warstwą.

4. Na zapiekankę połóż resztę makaronu.

5. Włóż garnek do piekarnika. Piec 25 minut.

6. Podawaj natychmiast.

Informacje o wartościach odżywczych:Kalorie: 201, Tłuszcz: 17 g, Węglowodany: 15 g, Białko: 13 g, Cukry: 7 g, Sód: 10 mg

Balsamiczny pieczony kurczak Porcje: 4

Składniki:

1 łyżka. posiekany świeży rozmaryn

1 zmielony ząbek czosnku

Czarny pieprz

1 łyżka. Oliwa z oliwek

1 łyżeczka. brązowy cukier

6 gałązek rozmarynu

1 cały kurczak

½ w. ocet balsamiczny

Wskazówki:

1. Połącz czosnek, mielony rozmaryn, czarny pieprz i oliwę z oliwek.

Nasmaruj kurczaka mieszanką ziołowej oliwy z oliwek.

2. Włóż 3 gałązki rozmarynu do jamy kurczaka.

3. Umieść kurczaka na brytfance i piecz w temperaturze 200°C przez około 1 godzinę. 30 minut.

4. Gdy kurczak będzie złocisty, a soki płyną klarowne, przełożyć go na półmisek.

5. W rondelku na ogniu rozpuścić cukier w occie balsamicznym.

Nie gotować.

6. Pokrój kurczaka i posmaruj mieszanką octu.

Informacje o wartościach odżywczych:Kalorie: 587, Tłuszcz: 37,8 g, Węglowodany: 2,5 g, Białko: 54,1 g, cukry: 0 g, sód: 600 mg

Stek i grzyby Porcje: 4

Czas gotowania: 15 minut

Składniki:

2 łyżki oliwy z oliwek

8 uncji grzyby, pokrojone w plasterki

½ łyżeczki czosnku w proszku

1 funt steku, pokrojony w kostkę

1 łyżeczka (5 ml) sosu Worcestershire

pieprz do smaku

Wskazówki:

1. Rozgrzej frytownicę do temperatury 400 stopni F.

2. Połącz wszystkie składniki w misce.

3. Przełożyć do koszyka frytkownicy.

4. Gotuj przez 15 minut, dwukrotnie potrząsając koszyczkiem.

Porady dotyczące wołowiny Porcje: 4

Czas gotowania: 12 minut

Składniki:

2 łyżeczki proszku cebulowego

1 łyżeczka czosnku w proszku

2 łyżeczki rozmarynu, posiekanego

1 łyżeczka papryki

2 łyżki aminokwasu kokosowego o niskiej zawartości sodu

pieprz do smaku

1 funt steku, pokrojony w paski

Wskazówki:

1. W misce wymieszaj wszystkie przyprawy i przyprawę.

2. Wymieszaj paski steku.

3. Marynuj przez 10 minut.

4. Dodaj do koszyka frytkownicy.

5. Gotuj w temperaturze 380 stopni F przez 12 minut, potrząsając raz lub dwa razy w połowie gotowania.

Przysmak z kurczaka brzoskwiniowego Porcje: 4-5

Składniki:

2 posiekane ząbki czosnku

¼ w. ocet balsamiczny

4 pokrojone brzoskwinie

4 piersi z kurczaka bez skóry i kości

¼ w. posiekana bazylia

1 łyżka. Oliwa z oliwek

1 posiekana szalotka

¼ łyżeczki czarny pieprz

Wskazówki:

1. Rozgrzej olej w rondlu na średnim ogniu.

2. Dodać mięso i doprawić czarnym pieprzem; smażymy po 8 minut z każdej strony i odstawiamy na talerz, żeby odpoczęło.

3. Na tej samej patelni dodaj szalotkę i czosnek; wymieszać i gotować 2

minuty.

4. Dodaj brzoskwinie; wymieszać i gotować jeszcze 4-5 minut.

5. Dodaj ocet, ugotowanego kurczaka i bazylię; wymieszać i dusić pod przykryciem jeszcze 3-4 minuty.

6. Podawać na ciepło.

Informacje o wartościach odżywczych:Kalorie: 270, Tłuszcz: 0 g, Węglowodany: 6,6 g, Białko: 1,5 g, Cukry: 24 g, Sód: 87 mg

Mielona wieprzowina w patelni Porcje: 4

Czas gotowania: 15 minut

Składniki:

2 ząbki czosnku, posiekane

2 czerwone chilli, posiekane

2 łyżki oliwy z oliwek

2 funty gulaszu wieprzowego, mielonego

1 czerwona papryka, posiekana

1 zielona papryka, posiekana

1 pomidor pokrojony w kostkę

½ szklanki grzybów, przekrojonych na pół

Szczypta soli morskiej i czarnego pieprzu

1 łyżka posiekanej bazylii

2 łyżki aminokwasów kokosowych

Wskazówki:

1. Rozgrzej patelnię z oliwą na średnim ogniu, dodaj czosnek, chilli, paprykę, pomidor i grzyby i smaż przez 5 minuty.

2. Dodać mięso i resztę składników, wymieszać, smażyć na średnim ogniu jeszcze 10 minut, rozłożyć na talerze i podawać.

Informacje o wartościach odżywczych:kalorie 200, tłuszcze 3, błonnik 5, węglowodany 7, białko 17

Wieprzowina z pietruszką i karczochami Porcje: 4

Czas gotowania: 35 minut

Składniki:

2 łyżki octu balsamicznego

1 szklanka serc karczochów z puszki, odsączonych i pokrojonych na ćwiartki

2 łyżki oliwy z oliwek

2 funty gulaszu wieprzowego, pokrojonego w kostkę

2 łyżki posiekanej natki pietruszki

1 łyżeczka kminku, zmielonego

1 łyżeczka kurkumy w proszku

2 ząbki czosnku, posiekane

Szczypta soli morskiej i czarnego pieprzu

Wskazówki:

1. Rozgrzej patelnię z olejem na średnim ogniu, dodaj mięso i smaż przez 5 minut.

2. Dodać karczochy, ocet i pozostałe składniki, wymieszać, gotować na średnim ogniu przez 30 minut, rozłożyć na talerze i podawać.

Informacje o wartościach odżywczych:kalorie 260, tłuszcze 5, błonnik 4, węglowodany 11, białko 20

Wieprzowina Z Tymiankiem, Słodkie Ziemniaki

Porcje: 4

Czas gotowania: 35 minut

Składniki:

2 słodkie ziemniaki, obrane i pokrojone w ósemki 4 kotlety schabowe

3 dymki, posiekane

1 łyżka tymianku, posiekanego

2 łyżki oliwy z oliwek

4 ząbki czosnku, posiekane

Szczypta soli morskiej i czarnego pieprzu

½ szklanki wywaru warzywnego

½ łyżki szczypiorku, posiekanego

Wskazówki:

1. Na patelni połącz kotlety schabowe z ziemniakami i pozostałymi składnikami, delikatnie wymieszaj i piecz w temperaturze 390 stopni F przez 35

minuty.

2. Rozłóż wszystko na talerze i podawaj.

Informacje o wartościach odżywczych:kalorie 210, tłuszcz 12,2, błonnik 5,2, węglowodany 12, białko 10

Mieszanka wieprzowa curry Porcje: 4

Czas gotowania: 30 minut

Składniki:

2 łyżki oliwy z oliwek

4 szalotki, posiekane

2 ząbki czosnku, posiekane

2 funty gulaszu wieprzowego, pokrojonego w kostkę

2 łyżki czerwonej pasty curry

1 łyżeczka pasty chili

2 łyżki octu balsamicznego

¼ szklanki bulionu warzywnego

¼ szklanki posiekanej natki pietruszki

Wskazówki:

1. Rozgrzej patelnię z oliwą na średnim ogniu, dodaj szalotkę i czosnek i smaż przez 5 minut.

2. Dodać mięso i smażyć jeszcze 5 minut.

3. Dodać pozostałe składniki, wymieszać, gotować na średnim ogniu przez 20 minut, rozłożyć na talerze i podawać.

Informacje o wartościach odżywczych:kalorie 220, tłuszcze 3, błonnik 4, węglowodany 7, białko 12

Smażony kurczak i brokuły Porcje: 4

Czas gotowania: 10 minut

Składniki:

3 łyżki oliwy z oliwek extra virgin

1 ½ szklanki różyczek brokułów

1½ funta (680 g) piersi z kurczaka bez kości i skóry, pokrojonej na kawałki wielkości kęsa

½ cebuli, posiekanej

½ łyżeczki soli morskiej

⅛ łyżeczki świeżo zmielonego czarnego pieprzu

3 ząbki czosnku, posiekane

2 szklanki ugotowanego brązowego ryżu

Wskazówki:

1. Rozgrzej oliwę z oliwek na dużej patelni z powłoką nieprzywierającą na średnim ogniu, aż zacznie lśnić.

2. Dodaj brokuły, kurczaka i cebulę na patelnię i dobrze wymieszaj.

Dopraw solą morską i czarnym pieprzem.

3. Smażyć, mieszając, przez około 8 minut lub do momentu, aż kurczak będzie złocistobrązowy i ugotowany.

4. Wrzuć czosnek i smaż przez 30 sekund, ciągle mieszając, lub do momentu, aż czosnek zacznie pachnieć.

5. Zdejmij z ognia na talerz i podawaj z ugotowanym brązowym ryżem.

Informacje o wartościach odżywczych:kalorie: 344 ; tłuszcz: 14,1 g; białko: 14,1g; węglowodany: 40,9 g; błonnik: 3,2g; cukier: 1,2g; sód: 275 mg

Porcje kurczaka i brokułów: 4

Składniki:

2 posiekane ząbki czosnku

4 pozbawione kości piersi z kurczaka bez skóry

½ w. krem kokosowy

1 łyżka. posiekane oregano

2 w. różyczki brokułów

1 łyżka. organiczna oliwa z oliwek

1 w. posiekaną czerwoną cebulę

Wskazówki:

1. Rozgrzej patelnię z olejem na średnim ogniu, dodaj piersi z kurczaka i smaż po 5 minut z każdej strony.

2. Dodać cebulę i czosnek, wymieszać i smażyć jeszcze 5 minut.

3. Dodać oregano, brokuły i śmietanę, wszystko wymieszać, gotować jeszcze 10 minut, rozłożyć na talerze i podawać.

4. Ciesz się!

<u>Informacje o wartościach odżywczych:</u>Kalorie: 287, Tłuszcz: 10 g, Węglowodany: 14 g, Białko: 19 g, Cukry: 10 g, Sód: 1106 mg

Śródziemnomorski Zapiekanek Z Kurczakiem Z Warzywami Porcje: 4

Czas gotowania: 20 minut

Składniki:

4 (113 g) piersi z kurczaka bez kości i skóry 2 łyżki oleju z awokado

1 szklanka pokrojonych w plasterki grzybów cremini

1 szklanka posiekanego świeżego szpinaku

1 litr pomidorków koktajlowych, przekrojonych na połówki

½ szklanki posiekanej świeżej bazylii

½ czerwonej cebuli, pokrojonej w cienkie plasterki

4 ząbki czosnku, posiekane

2 łyżeczki octu balsamicznego

Wskazówki:

1. Rozgrzej piekarnik do 205°C (400°F).

2. Ułóż pierś kurczaka w dużym naczyniu do pieczenia i posmaruj ją obficie olejem z awokado.

3. W średniej misce wymieszaj grzyby, szpinak, pomidory, bazylię, czerwoną cebulę, goździki i ocet i wymieszaj. Każdą pierś z kurczaka posyp ¼ mieszanki warzywnej.

4. Piec w nagrzanym piekarniku przez około 20 minut lub do momentu, aż temperatura wewnętrzna osiągnie co najmniej 74°C i po nakłuciu widelcem sok będzie przezroczysty.

5. Pozwól kurczakowi odpocząć przez 5 do 10 minut przed pokrojeniem i podaniem.

Informacje o wartościach odżywczych:kalorie: 220; tłuszcz: 9,1 g; białko: 28,2 g; węglowodany: 6,9 g; błonnik: 2,1g; cukier: 6,7g; sód: 310 mg

Hidden Valley Chicken Drummies Porcje: 6 - 8

Składniki:

2 łyżki. Ostry sos

½ w. Masło topione

Paluszki selera

2 opakowania suchej mieszanki dressingu Hidden Valley

3 łyżki. Ocet

12 udek z kurczaka

Papryka

Wskazówki:

1. Rozgrzej piekarnik do 150 0F.

2. Opłucz i osusz kurczaka.

3. W misce wymieszaj suchy dressing, roztopione masło, ocet i ostry sos. Mieszaj aż do połączenia.

4. Umieść podudzia w dużej plastikowej torebce, polej je sosem. Masuj sos, aż udka pokryją się nim.

5. Połóż kurczaka w jednej warstwie na naczyniu do pieczenia. Posypać papryką.

6. Piecz przez 30 minut, przewracając do połowy.

7. Podawać z crudité lub sałatką.

<u>Informacje o wartościach odżywczych:</u>Kalorie: 155, Tłuszcz: 18 g, Węglowodany: 96 g, Białko: 15 g, Cukry: 0,7 g, Sód: 340 mg

Balsamiczny kurczak i fasola Porcje: 4

Składniki:

1 funt przyciętej świeżej zielonej fasolki

¼ w. ocet balsamiczny

2 pokrojone szalotki

2 łyżki. płatki czerwonej papryki

4 piersi z kurczaka bez skóry i kości

2 posiekane ząbki czosnku

3 łyżki. Oliwa z oliwek z pierwszego tłoczenia

Wskazówki:

1. Połącz 2 łyżki oliwy z octem balsamicznym, czosnkiem i szalotką. Polać nim piersi z kurczaka i wstawić do lodówki na noc.

2. Następnego dnia rozgrzej piekarnik do 150°F.

3. Wyjmij kurczaka z marynaty i ułóż go w płytkiej formie do pieczenia. Wyrzucić resztę marynaty.

4. Piec w piekarniku przez 40 minut.

5. Podczas gotowania kurczaka zagotuj wodę w dużym garnku.

6. Włóż fasolkę szparagową do wody i gotuj przez pięć minut, a następnie odcedź.

7. W garnku rozgrzej łyżkę oliwy z oliwek i po wypłukaniu włóż fasolkę szparagową.

8. Wymieszać z płatkami czerwonej papryki.

Informacje o wartościach odżywczych:Kalorie: 433, Tłuszcz: 17,4 g, Węglowodany: 12,9 g, Białko: 56,1

g, cukry: 13 g, sód: 292 mg

Włoska wieprzowina Porcje: 6

Czas gotowania: 1 godzina

Składniki:

2 funty pieczeni wieprzowej

3 łyżki oliwy z oliwek

2 łyżeczki suszonego oregano

1 łyżka przyprawy włoskiej

1 łyżeczka rozmarynu, suszonego

1 łyżeczka bazylii, suszonej

3 ząbki czosnku, posiekane

¼ szklanki bulionu warzywnego

Szczypta soli i czarnego pieprzu

Wskazówki:

1. W naczyniu do pieczenia połącz pieczeń wieprzową z olejem, oregano i pozostałymi składnikami, wymieszaj i piecz w temperaturze 150 stopni F przez 1 godzinę.

2. Pokrój pieczeń, rozdziel ją wraz z pozostałymi składnikami pomiędzy talerze i podawaj.

Informacje o wartościach odżywczych:kalorie 580, tłuszcz 33,6, błonnik 0,5, węglowodany 2,3, białko 64,9

Kurczak i brukselka Porcje: 4

Składniki:

1 wydrążone, obrane i posiekane jabłko

1 posiekana żółta cebula

1 łyżka. organiczna oliwa z oliwek

3 w. posiekana brukselka

1 funt mielonego mięsa z kurczaka

Czarny pieprz

Wskazówki:

1. Rozgrzej patelnię z olejem na średnim ogniu, dodaj kurczaka, wymieszaj i smaż przez 5 minut.

2. Dodać brukselkę, cebulę, czarny pieprz i jabłko, wymieszać, gotować 10 minut, rozłożyć do misek i podawać.

3. Ciesz się!

<u>Informacje o wartościach odżywczych:</u>Kalorie: 200, Tłuszcz: 8 g, Węglowodany: 13 g, Białko: 9 g, Cukry: 3,3 g, Sód: 194 mg

Składniki kanapy z kurczakiem:

1 w. grzanki

1 w. ugotowane i pokrojone w kostkę brokuły

½ w. woda

1 w. tarty bardzo ostry ser cheddar

½ funta ugotowanych kawałków kurczaka bez kości i skóry 1 puszka zupy grzybowej

Wskazówki:

1. Rozgrzej piekarnik do 150°F

2. W dużym garnku podgrzać zupę i wodę. Dodać kurczaka, brokuły i ser. Połącz dokładnie.

3. Wlać do natłuszczonej formy do pieczenia.

4. Na mieszance ułóż grzanki.

5. Piec 30 minut lub do momentu, aż zapiekanka zacznie bulgotać, a grzanki będą złotobrązowe.

Informacje o wartościach odżywczych:Kalorie: 380, Tłuszcz: 22 g, Węglowodany: 10 g, Białko: 25 g, Cukry: 2 g, Sód: 475 mg

Kurczak z parmezanem Ilość porcji: 4

Czas gotowania: 10 minut

Składniki:

4 filety z piersi kurczaka

2 łyżeczki czosnku w proszku

2 łyżeczki przyprawy włoskiej

pieprz do smaku

¼ szklanki parmezanu

½ szklanki bułki tartej

1 szklanka bułki tartej

2 jajka, ubite

Spray do gotowania

Wskazówki:

1. Pierś z kurczaka rozpłaszczyć tłuczkiem do mięsa.

2. Doprawić czosnkiem w proszku, przyprawą włoską i pieprzem.

3. W misce wymieszaj mąkę migdałową i parmezan.

4. Do drugiej miski dodaj jajka.

5. Zanurz filet z kurczaka w jajku, a następnie w mące.

6. Spryskaj olejem.

7. Umieścić w frytkownicy.

8. Gotuj w temperaturze 150 stopni F przez 10 minut z każdej strony.

Wystawne indyjskie curry z kurczakiem Porcje: 6

Czas gotowania: 20 minut

Składniki:

2 łyżki oleju kokosowego, podzielone

2 (113 g) piersi z kurczaka bez kości i skóry, pokrojone na kawałki wielkości kęsa

2 średnie marchewki, pokrojone w kostkę

1 mała biała cebula, pokrojona w kostkę

1 łyżka posiekanego świeżego imbiru

6 ząbków czosnku, posiekanych

1 szklanka groszku cukrowego, pokrojonego w kostkę

1 (153 g) puszka niesłodzonej śmietanki kokosowej 1 łyżka bezcukrowego sosu rybnego

1 szklanka bulionu z kurczaka o niskiej zawartości sodu

½ szklanki pokrojonych w kostkę pomidorów z sokiem

1 łyżka curry w proszku

¼ łyżeczki soli morskiej

Szczypta pieprzu cayenne do smaku

Świeżo zmielony czarny pieprz do smaku

¼ szklanki przefiltrowanej wody

Wskazówki:

1. Podgrzej 1 łyżkę oleju kokosowego na patelni z powłoką nieprzywierającą na średnim ogniu, aż się rozpuści.

2. Dodaj piersi z kurczaka na patelnię i gotuj przez 15 minut lub do momentu, gdy termometr włożony do najgrubszej części piersi z kurczaka wskaże temperaturę co najmniej 165°F (74°C). W połowie pieczenia obróć piersi kurczaka na drugą stronę.

3. W międzyczasie na osobnej patelni podgrzej pozostały olej kokosowy na średnim ogniu, aż się rozpuści.

4. Dodaj marchewkę, cebulę, imbir i czosnek na patelnię i smaż przez 5 minut lub do momentu, aż zaczną wydzielać zapach, a cebula będzie przezroczysta.

5. Na patelnię dodaj groszek, śmietankę kokosową, sos rybny, bulion z kurczaka, pomidory, curry, sól, pieprz cayenne, czarny pieprz i wodę. Mieszaj, aby dobrze wymieszać.

6. Doprowadź do wrzenia. Zmniejsz ogień do średniego, a następnie gotuj na wolnym ogniu przez 10 minut.

7. Dodaj ugotowanego kurczaka na drugą patelnię i smaż przez 2 sztuki

więcej minut na dobre połączenie.

8. Wylej curry na duży talerz i od razu podawaj.

<u>Informacje o wartościach odżywczych:</u>kalorie: 223; tłuszcz: 15,7 g; białko: 13,4 g; węglowodany: 9,4 g

; błonnik: 3,0g; cukier: 2,3g; sód: 673 mg

Wieprzowina Z Balsamicznym Sosem Cebulowym Porcje: 4

Czas gotowania: 35 minut

Składniki:

1 żółta cebula, posiekana

4 szalotki, posiekane

2 łyżki oleju z awokado

1 łyżka rozmarynu, posiekanego

1 łyżka startej skórki z cytryny

2 funty pieczeni wieprzowej, pokrojonej w plasterki

2 łyżki octu balsamicznego

½ szklanki wywaru warzywnego

Szczypta soli morskiej i czarnego pieprzu

Wskazówki:

1. Rozgrzej patelnię z oliwą na średnim ogniu, dodaj cebulę i szalotkę i smaż przez 5 minut.

2. Dodać pozostałe składniki oprócz mięsa, wymieszać i dusić przez 5 minut.

3. Dodać mięso, delikatnie wymieszać, smażyć na średnim ogniu przez 25 minut, rozłożyć na talerze i podawać.

Informacje o wartościach odżywczych:kalorie 217, tłuszcz 11, błonnik 1, węglowodany 6, białko 14

373. Pieczeń mięsnaPorcje: 4

Czas gotowania: 30 minut

Składniki:

1 funt chudej mielonej wołowiny

3 łyżki bułki tartej

1 cebula, posiekana

1 łyżka świeżego tymianku, posiekanego

Czosnek w proszku do smaku

pieprz do smaku

2 grzyby, posiekane

1 łyżka oliwy z oliwek

Wskazówki:

1. Rozgrzej frytownicę do temperatury 392 stopni F.

2. Połącz wszystkie składniki w misce.

3. Wciśnij mieszaninę do małej foremki na bochenek.

4. Dodaj patelnię do koszyka frytkownicy.

5. Gotuj przez 30 minut.

Wieprzowina Z Gruszkami I Imbirem Porcje: 4

Czas gotowania: 35 minut

Składniki:

2 zielone cebule, posiekane

2 łyżki oleju z awokado

2 funty pieczeni wieprzowej, pokrojonej w plasterki

½ szklanki aminokwasów kokosowych

1 łyżka imbiru, posiekanego

2 gruszki, wydrążone i pokrojone w ósemki

¼ szklanki bulionu warzywnego

1 łyżka szczypiorku, posiekanego

Wskazówki:

1. Rozgrzej patelnię z olejem na średnim ogniu, dodaj cebulę i mięso i smaż przez 2 minuty z każdej strony.

2. Dodać resztę składników, delikatnie wymieszać i piec w temperaturze 390°C

stopni F przez 30 minut.

3. Rozłóż mieszankę pomiędzy talerze i podawaj.

<u>Informacje o wartościach odżywczych:</u>kalorie 220, tłuszcz 13,3, błonnik 2, węglowodany 16,5, białko 8

Kurczak maślany Porcje: 6

Składniki:

8 drobno posiekanych ząbków czosnku

¼ w. posiekane niskotłuszczowe niesolone masło

Świeżo zmielony czarny pieprz

6 oz. udka z kurczaka bez skóry i bez kości

1 łyżeczka. pieprz cytrynowy

Wskazówki:

1. W dużym powolnym naczyniu ułóż udka z kurczaka.

2. Udka z kurczaka równomiernie posmaruj masłem.

3. Posyp równomiernie czosnkiem, pieprzem cytrynowym i czarnym pieprzem.

4. Ustaw wolnowar na niski.

5. Przykryj i gotuj przez około 6 godzin.

Informacje o wartościach odżywczych:Kalorie: 438, Tłuszcz: 28 g, Węglowodany: 14 g, Białko: 30 g, Cukry: 2 g, Sód: 700 mg

Gorące Skrzydełka Z Kurczaka Porcje: 4 - 5

Składniki:

2 łyżki. Miód

½ kostki margaryny

2 łyżki. pieprz cayenne

1 butelka ostrego sosu Durkee

10 - 20 skrzydełek z kurczaka

10 koktajli sos Tabasco

Wskazówki:

1. W głębokim garnku rozgrzej olej rzepakowy. Smażyć skrzydełka aż do ugotowania, około 20 minut.

2. W średniej misce wymieszaj ostry sos, miód, tabasco i pieprz cayenne. Dobrze wymieszaj.

3. Usmażone skrzydełka połóż na ręcznikach papierowych. Odcedź nadmiar oleju.

4. Wrzucaj skrzydełka kurczaka do sosu, aż równomiernie się nim pokryją.

Informacje o wartościach odżywczych:Kalorie: 102, Tłuszcz: 14 g, Węglowodany: 55 g, Białko: 23 g, Cukry: 0,3 g, Sód: 340 mg

Kurczak, makaron i groszek śnieżny Porcje: 1 - 2

Składniki:

Świeżo mielony pieprz

2 ½ w. makaron penne

1 standardowy słoik sosu pomidorowo-bazyliowego do makaronu 1 szkl. przekrojony na pół i przycięty groszek śnieżny

1 funt piersi z kurczaka

1 łyżeczka. Oliwa z oliwek

Wskazówki:

1. Na średniej patelni rozgrzej oliwę z oliwek. Piersi z kurczaka doprawiamy solą i pieprzem. Smaż piersi kurczaka, aż będą ugotowane, przez około 5–7 minut z każdej strony.

2. Ugotuj makaron zgodnie z instrukcją na opakowaniu. Ugotuj groszek śnieżny z makaronem.

3. Nabierz 1 szklankę wody z makaronu. Odcedź makaron i groszek, odłóż na bok.

4. Po ugotowaniu kurczaka pokrój go po przekątnej.

5. Dodaj kurczaka z powrotem na patelnię. Dodaj sos do makaronu. Jeśli mieszanina wydaje się sucha.

6. Dodaj trochę wody z makaronu do pożądanej konsystencji. Podgrzejcie razem.

7. Rozłóż do misek i od razu podawaj.

Informacje o wartościach odżywczych:Kalorie: 140, Tłuszcz: 17 g, Węglowodany: 52 g, Białko: 34 g, Cukry: 2,3 g, Sód: 400 mg

378. KlopsikPorcje: 4

Czas gotowania: 15 minut

Składniki:

Spray do gotowania

2 funty chudej mielonej wołowiny

¼ szklanki cebuli, posiekanej

2 ząbki czosnku, posiekane

2 łyżki posiekanej natki pietruszki

pieprz do smaku

½ łyżeczki płatków czerwonej papryki

1 łyżeczka przyprawy włoskiej

Wskazówki:

1. Spryskaj koszyk frytownicy olejem.

2. W misce wymieszaj pozostałe składniki.

3. Z mieszanki uformuj klopsiki.

4. Dodaj do koszyka frytkownicy.

5. Gotuj przez 15 minut, potrząsając raz lub dwa razy.

Morelowe skrzydełka z kurczaka Porcje: 3 - 4

Składniki:

1 średni słoik konfitury morelowej

1 opakowanie mieszanki suchej zupy cebulowej Lipton

1 średnia butelka sosu rosyjskiego

2 funty. skrzydełka kurczaka

Wskazówki:

1. Rozgrzej piekarnik do 150°F.

2. Opłucz i osusz skrzydełka kurczaka.

3. Połóż skrzydełka kurczaka na blasze do pieczenia, pojedynczą warstwą.

4. Piec 45 – 60 minut, obracając do połowy.

5. W średniej misce wymieszaj zupę Lipton, konfiturę morelową i sos rosyjski.

6. Po ugotowaniu skrzydełek polej sosem, aż kawałki się nim pokryją.

7. Podawaj natychmiast z dodatkiem.

Informacje o wartościach odżywczych:Kalorie: 162, Tłuszcz: 17 g, Węglowodany: 76 g, Białko: 13 g, Cukry: 24 g, Sód: 700 mg

Udka z kurczaka Porcje: 4

Czas gotowania: 20 minut

Składniki:

4 filety z udek kurczaka

2 łyżeczki oliwy z oliwek

1 łyżeczka czosnku w proszku

1 łyżeczka papryki

pieprz do smaku

Wskazówki:

1. Rozgrzej frytownicę do temperatury 400 stopni F.

2. Posmaruj kurczaka olejem.

3. Posyp kurczaka z obu stron proszkiem czosnkowym, papryką i pieprzem.

4. Smażyć na powietrzu przez 20 minut.

Chrupiące polędwiczki z kurczaka Porcje: 4

Czas gotowania: 10 minut

Składniki:

1 funt polędwiczek z kurczaka

1 łyżka oliwy z oliwek

Panierowanie

¼ szklanki bułki tartej

1 łyżeczka papryki

pieprz do smaku

¼ łyżeczki czosnku w proszku

¼ łyżeczki proszku cebulowego

Szczypta pieprzu cayenne

Wskazówki:

1. Rozgrzej frytownicę do temperatury 390 stopni F.

2. Posmaruj kurczaka oliwą z oliwek.

3. W misce połączyć składniki panierki.

4. Obtocz kurczaka w panierce.

5. Umieścić w koszyku frytkownicy.

6. Gotuj przez 3 do 5 minut.

7. Odwróć i smaż przez kolejne 3 minuty.

Mistrzowskie kieszonki z kurczaka Porcje: 4

Składniki:

½ w. posiekane brokuły

2 połówki pełnoziarnistych krążków pita

¼ w. butelkowany sos ranczo o obniżonej zawartości tłuszczu ¼ szkl. posiekane orzechy pekan lub orzechy włoskie

1 ½ w. posiekany gotowany kurczak

¼ w. zwykły jogurt o niskiej zawartości tłuszczu

¼ w. starta marchewka

Wskazówki:

1. W małej misce wymieszaj jogurt i sos sałatkowy.

2. W średniej misce połącz kurczaka, brokuły, marchewkę i, jeśli chcesz, orzechy. Wlać mieszaninę jogurtu na kurczaka; wrzucić do płaszcza.

3. Rozłóż mieszaninę kurczaka na połówki pita.

Informacje o wartościach odżywczych:Kalorie: 384, Tłuszcz: 11,4 g, Węglowodany: 7,4 g, Białko: 59,3 g, cukry: 1,3 g, sód: 368,7 mg

Kawałki kurczaka z grilla na płycie kuchennej

Porcje: 4

Składniki:

1 średnia papryka pokrojona w kostkę

1 łyżka. olej rzepakowy

1 w. pikantny, pikantny i słodki sos barbecue Świeżo zmielony czarny pieprz

1 pokrojona w kostkę średnia cebula

1 funt pozbawionych kości piersi z kurczaka bez skóry

3 posiekane ząbki czosnku

Wskazówki:

1. Umyj piersi z kurczaka i osusz. Pokrój na kawałki wielkości kęsa.

2. Rozgrzej olej na dużej patelni na średnim ogniu. Dodaj kurczaka, cebulę, czosnek i paprykę i smaż, mieszając, przez 5 minut.

3. Dodać sos barbecue i wymieszać. Zmniejsz ogień do średniego i przykryj patelnię. Gotuj, często mieszając, aż kurczak będzie w pełni ugotowany, około 15 minut.

4. Zdjąć z ognia. Dopraw do smaku świeżo zmielonym czarnym pieprzem i natychmiast podawaj.

Informacje o wartościach odżywczych:Kalorie: 191, Tłuszcz: 5 g, Węglowodany: 8 g, Białko: 27 g, Cukry: 0 g, Sód: 480 mg

Mieszanka Kurczaka I Rzodkiewki Porcje: 4

Składniki:

10 połówek rzodkiewek

1 łyżka. organiczna oliwa z oliwek

2 łyżki. Siekany szczypiorek

1 w. bulion z kurczaka o niskiej zawartości sodu

4 rzeczy z kurczaka

Czarny pieprz

Wskazówki:

1. Rozgrzej patelnię z całym olejem na średnim ogniu, dodaj kurczaka, dopraw czarnym pieprzem i smaż przez 6 minut z obu stron.

2. Dodaj bulion i rzodkiewki, zmniejsz ogień do średniego i gotuj na wolnym ogniu przez dwadzieścia minut.

3. Dodać szczypiorek, wymieszać, rozdzielić na talerze i podawać.

4. Ciesz się!

<u>Informacje o wartościach odżywczych:</u>Kalorie: 247, Tłuszcz: 10 g, Węglowodany: 12 g, Białko: 22 g, Cukry: 1,1 g, Sód: 673 mg

Kurczak Katsu Porcje: 4

Czas gotowania: 20 minut

Składniki:

Sos Katsu

2 łyżki sosu sojowego

½ szklanki ketchupu

1 łyżka sherry

1 łyżka brązowego cukru

2 łyżeczki sosu Worcestershire

1 łyżeczka czosnku, posiekanego

Kurczak

1 funt filetu z piersi kurczaka, pokrojonego w plasterki

pieprz do smaku

Szczypta proszku czosnkowego

1 łyżka oliwy z oliwek

1 ½ szklanki bułki tartej

Spray do gotowania

Wskazówki:

1. Połącz w misce składniki sosu katsu. Odłożyć na bok.

2. Rozgrzej frytownicę do temperatury 350 stopni F.

3. Dopraw kurczaka pieprzem.

4. Kurczaka posmaruj olejem i obtocz w bułce tartej.

5. Umieścić w koszyku frytkownicy.

6. Spryskaj olejem.

7. Smaż we frytkownicy po 10 minut z każdej strony.

8. Podawać z sosem.

Gulasz z kurczaka i słodkich ziemniaków Porcje: 4

Czas gotowania: 40 minut

Składniki:

1 łyżka oliwy z oliwek z pierwszego tłoczenia

2 ząbki czosnku, pokrojone w plasterki

1 biała cebula, posiekana

14 uncji (397 g) pomidorów, posiekanych

2 łyżki posiekanych liści rozmarynu

Sól morska i mielony czarny pieprz do smaku

4 udka z kurczaka bez skóry z wolnego wybiegu

4 słodkie ziemniaki, obrane i pokrojone w kostkę

2 łyżki liści bazylii

Wskazówki:

1. Rozgrzej piekarnik do 190°C (375°F).

2. Rozgrzej oliwę z oliwek na patelni z powłoką nieprzywierającą na średnim ogniu, aż zacznie lśnić.

3. Dodaj czosnek i cebulę na patelnię i smaż przez 5 minut lub do momentu, aż zaczną wydzielać zapach, a cebula będzie przezroczysta.

4. Dodać pomidory, rozmaryn, sól i zmielony czarny pieprz i gotować przez 15 minut lub do momentu, aż lekko zgęstnieje.

5. Ułóż udka z kurczaka i słodkie ziemniaki na blasze do pieczenia, a następnie wlej mieszaninę na patelnię na kurczaka i słodkie ziemniaki. Mieszaj, aby dobrze się pokryć. Wlej tyle wody, aby płyn zakrył kurczaka i słodkie ziemniaki.

6. Piec w nagrzanym piekarniku przez 20 minut lub do momentu, aż wewnętrzna temperatura kurczaka osiągnie co najmniej 74°C.

7. Wyjmij blachę do pieczenia z piekarnika i przełóż ją do dużej miski. Posypać bazylią i podawać.

Informacje o wartościach odżywczych:kalorie: 297; tłuszcz: 8,7 g; białko: 22,2 g; węglowodany: 33,1 g

; błonnik: 6,5g; cukier: 9,3g; sód: 532 mg

Żeberka wołowe z rozmarynem Porcje: 4

Czas gotowania: 2 godziny

Składniki:

1½ funta (680 g) krótkich żeberek wołowych bez kości

½ łyżeczki czosnku w proszku

1 łyżeczka soli

½ łyżeczki świeżo zmielonego czarnego pieprzu

2 łyżki oliwy z oliwek

2 szklanki bulionu wołowego o niskiej zawartości sodu

1 szklanka czerwonego wina

4 gałązki rozmarynu

Wskazówki:

1. Rozgrzej piekarnik do 180°C.

2. Na czystej powierzchni roboczej natrzyj krótkie żeberka sproszkowanym czosnkiem, solą i czarnym pieprzem. Odstaw na 10 minut.

3. Rozgrzej oliwę z oliwek na patelni żaroodpornej na średnim ogniu.

4. Dodaj krótkie żeberka i smaż przez 5 minut lub do momentu, aż dobrze się zarumienią.

W połowie obrócić żeberka. Żeberka przełóż na talerz i odłóż na bok.

5. Na patelnię wlać bulion wołowy i czerwone wino. Mieszaj, aby dobrze się połączyć i doprowadzić do wrzenia. Zmniejsz ogień do małego i gotuj na wolnym ogniu przez 10

minut, aż mieszanina zredukuje się do dwóch trzecich.

6. Połóż żeberka z powrotem na patelni. Dodaj gałązki rozmarynu. Załóż pokrywkę patelni i smaż w nagrzanym piekarniku przez 2 godziny, aż wewnętrzna temperatura żeberek osiągnie 74°C.

7. Przełóż żeberka na duży talerz. Wyrzuć gałązki rozmarynu.

Zalać płynem z gotowania i podawać na ciepło.

Informacje o wartościach odżywczych:kalorie: 731 ; tłuszcz: 69,1 g; węglowodany: 2,1 g; błonnik: 0g ; białko: 25,1 g; sód: 781 mg

Frittata z kurczakiem, papryką i szpinakiem

Porcje: 8

Składniki:

¾ w. mrożony posiekany szpinak

¼ łyżeczki czosnek w proszku

¼ w. posiekaną czerwoną cebulę

1 1/3 w. drobno posiekany gotowany kurczak

8 jaj

Świeżo zmielony czarny pieprz

1½ w. posiekana i pozbawiona nasion czerwona papryka

Wskazówki:

1. Nasmaruj dużą wolnowar.

2. Do miski dodać jajka, proszek czosnkowy i czarny pieprz, dobrze ubić.

3. Do przygotowanego wolnowaru włóż pozostałe składniki.

4. Wlać mieszaninę jajek na masę kurczaka i delikatnie wymieszać do połączenia.

5. Przykryć i gotować około 2-3 godziny.

Informacje o wartościach odżywczych:Kalorie: 250,9, Tłuszcz: 16,3 g, Węglowodany: 10,8 g, Białko: 16,2 g, Cukry: 4 g, Sód: 486 mg

Pieczony kurczak Dal Porcje: 4

Składniki:

15 uncji opłukana soczewica

¼ w. jogurt naturalny o niskiej zawartości tłuszczu

1 posiekana mała cebula

4 w. pozbawiony kości, bez skóry i pieczony kurczak 2 łyżeczki. curry w proszku

1 ½ łyżeczki. Olej rzepakowy

14 uncji pieczone na ogniu pomidory pokrojone w kostkę

¼ łyżeczki sól

Wskazówki:

1. Rozgrzej olej w dużym, ciężkim rondlu na średnim ogniu.

2. Dodaj cebulę i smaż, mieszając, aż zmięknie, ale nie zrumieni się, 3 do 4 minut.

3. Dodaj curry i gotuj, mieszając, aż połączy się z cebulą i będzie intensywnie aromatyczna, przez 20 do 30 sekund.

4. Dodać soczewicę, pomidory, kurczaka i sól i smażyć, często mieszając, aż się zarumieni.

5. Zdejmij z ognia i dodaj jogurt. Natychmiast podawaj.

Informacje o wartościach odżywczych:Kalorie: 307, Tłuszcz: 6 g, Węglowodany: 30 g, Białko: 35 g, Cukry: 0,1 g, Sód: 361 mg

Kurczak Taquito Porcje: 6

Czas gotowania: 20 minut

Składniki:

1 łyżeczka oleju roślinnego

1 cebula, posiekana

2 łyżki zielonego chili, posiekanego

1 ząbek czosnku, posiekany

1 szklanka gotowanego kurczaka

2 łyżki ostrego sosu

½ szklanki mieszanki serów o obniżonej zawartości sodu

pieprz do smaku

Tortille kukurydziane, podgrzewane

Spray do gotowania

Wskazówki:

1. Wlać na patelnię na średnim ogniu.

2. Smaż cebulę, zielone chili i czosnek przez 5 minut, często mieszając.

3. Wymieszaj resztę składników oprócz tortilli.

4. Gotuj przez 3 minuty.

5. Dodaj mieszaninę na wierzch tortilli.

6. Zwiń tortille.

7. Rozgrzej frytownicę do temperatury 400 stopni F.

8. Umieścić w koszyku frytkownicy.

9. Gotuj przez 10 minut.

10. .

Wieprzowina z oregano Porcje: 4

Czas gotowania: 8 godzin

Składniki:

2 funty pieczeni wieprzowej, pokrojonej w plasterki

2 łyżki posiekanego oregano

¼ szklanki octu balsamicznego

1 szklanka pasty pomidorowej

1 łyżka słodkiej papryki

1 łyżeczka proszku cebulowego

2 łyżki chili w proszku

2 ząbki czosnku, posiekane

Szczypta soli i czarnego pieprzu

Wskazówki:

1. W powolnej kuchence połącz pieczeń z oregano, octem i pozostałymi składnikami, wymieszaj, załóż pokrywkę i gotuj na poziomie Low przez 8 godzin.

2. Rozłóż wszystko na talerze i podawaj.

<u>Informacje o wartościach odżywczych:</u>kalorie 300, tłuszcze 5, błonnik 2, węglowodany 12, białko 24

Zapiekanka z kurczakiem i awokado Porcje: 4

Składniki:

2 cienkie plasterki łodyg zielonej cebuli

Puree z awokado

170 g odtłuszczonego jogurtu greckiego

1 ¼ g soli

4 piersi z kurczaka

15 g czarnej przyprawy

Wskazówki:

1. Zacznij od włożenia piersi kurczaka do plastikowej torebki zamykanej na zamek razem z poczerniałą przyprawą. Zamknąć i wstrząsnąć, następnie marynować przez około 2-5 minut.

2. Podczas marynowania kurczaka włóż jogurt grecki, puree z awokado i sól do blendera i miksuj, aż masa będzie gładka.

3. Umieść dużą patelnię lub żeliwną patelnię na kuchence na średnim ogniu, naoliwij patelnię i smaż kurczaka, aż będzie ugotowany. Będziesz potrzebować około 5 minut z każdej strony. Staraj się jednak nie suszyć soków i nakładać je na talerz zaraz po ugotowaniu mięsa.

4. Na wierzch połóż mieszankę jogurtową.

<u>Informacje o wartościach odżywczych:</u>Kalorie: 296, Tłuszcz: 13,5 g, Węglowodany: 6,6 g, Białko: 35,37

g, cukry: 0,8 g, sód: 173 mg

Pieczona pierś z kaczki w pięciu smakach

Porcje: 4

Składniki:

1 łyżeczka. proszek pięciu smaków

¼ łyżeczki skrobia kukurydziana

2 sok i skórka pomarańczowa

1 łyżka. sos sojowy o obniżonej zawartości sodu

2 funty. pozbawiona kości pierś z kaczki

½ łyżeczki Sól koszerna

2 łyżeczki. Miód

Wskazówki:

1. Rozgrzej piekarnik do 175°F.

2. Połóż kaczkę skórą do dołu na desce do krojenia. Odetnij nadmiar skóry zwisający po bokach. Odwróć i wykonaj trzy równoległe, ukośne nacięcia w skórze każdej piersi, wcinając tłuszcz, ale nie w mięso. Posyp z obu stron proszkiem pięciu smaków i solą.

3. Połóż kaczkę skórą do dołu na patelni żaroodpornej ustawionej na średnio-małym ogniu.

4. Gotuj, aż tłuszcz się roztopi, a skórka stanie się złotobrązowa, około 10 minut. Przenieś kaczkę na talerz; zlać cały tłuszcz z patelni. Włóż kaczkę z powrotem na patelnię skórą do góry i włóż do piekarnika.

5. Piecz kaczkę przez 10 do 15 minut na średnim ogniu, w zależności od wielkości piersi, aż termometr włożony w najgrubszą część wskaże 150 0F.

6. Przenieś na deskę do krojenia; odczekaj 5 minut.

7. Odlej tłuszcz pozostały na patelni (uważaj, rączka będzie nadal gorąca); postaw patelnię na średnim ogniu i dodaj sok pomarańczowy oraz miód. Doprowadź do wrzenia, mieszając, aby zeskrobać przyrumienione kawałki.

8. Dodaj skórkę pomarańczową i sos sojowy i kontynuuj gotowanie, aż sos lekko się zredukuje, około 1 minuty. Wymieszaj mieszaninę skrobi kukurydzianej, a następnie dodaj do sosu; gotować, mieszając, aż lekko zgęstnieje, 1

minuta.

9. Usuń skórę z kaczki i cienko pokrój mięso z piersi. Skropić sosem pomarańczowym.

Informacje o wartościach odżywczych:Kalorie: 152, Tłuszcz: 2 g, Węglowodany: 8 g, Białko: 24 g, Cukry: 5 g, Sód: 309 mg

Kotlety Schabowe Z Salsą Pomidorową Porcje: 4

Czas gotowania: 15 minut

Składniki:

4 kotlety schabowe

1 łyżka oliwy z oliwek

4 szalotki, posiekane

1 łyżeczka kminku, zmielonego

½ łyżki ostrej papryki

1 łyżeczka czosnku w proszku

Szczypta soli morskiej i czarnego pieprzu

1 mała czerwona cebula, posiekana

2 pomidory pokrojone w kostkę

2 łyżki soku z limonki

1 jalapeno, posiekane

¼ szklanki posiekanej kolendry

1 łyżka soku z limonki

Wskazówki:

1. Rozgrzej patelnię z olejem na średnim ogniu, dodaj szalotki i smaż przez 5 minut.

2. Dodać mięso, paprykę kminkową, proszek czosnkowy, sól i pieprz, wymieszać, smażyć po 5 minut z każdej strony i podzielić pomiędzy talerze.

3. W misce pomidory połączyć z pozostałymi składnikami, wymieszać, podzielić obok kotletów schabowych i podawać.

Informacje o wartościach odżywczych:kalorie 313, tłuszcz 23,7, błonnik 1,7, węglowodany 5,9, białko 19,2

Toskański Kurczak Z Pomidorami, Oliwkami I Cukinią

Porcje: 4

Czas gotowania: 20 minut

Składniki:

4 połówki piersi kurczaka bez kości i skóry, rozbite na grubość od ½ do ¾ cala

1 łyżeczka czosnku w proszku

½ łyżeczki soli morskiej

⅛ łyżeczki świeżo zmielonego czarnego pieprzu

2 łyżki oliwy z oliwek extra virgin

2 szklanki pomidorków koktajlowych

½ szklanki pokrojonych w plasterki zielonych oliwek

1 cukinia, posiekana

¼ szklanki wytrawnego białego wina

Wskazówki:

1. Na czystej powierzchni roboczej natrzyj piersi kurczaka sproszkowanym czosnkiem, solą i mielonym czarnym pieprzem.

2. Rozgrzej oliwę z oliwek na patelni z powłoką nieprzywierającą na średnim ogniu, aż zacznie lśnić.

3. Dodaj kurczaka i gotuj przez 16 minut lub do momentu, aż temperatura wewnętrzna osiągnie co najmniej 165°F (74°C). W połowie pieczenia obróć kurczaka na drugą stronę. Przełożyć na duży talerz i przykryć folią aluminiową, aby utrzymać ciepło.

4. Dodaj pomidory, oliwki i cukinię na patelnię i smaż przez 4 minuty lub do momentu, aż warzywa będą miękkie.

5. Dodaj białe wino do patelni i gotuj na wolnym ogniu przez 1 minutę.

6. Zdejmij folię aluminiową, połóż kurczaka na warzywach i ich sokach, a następnie podawaj na ciepło.

Informacje o wartościach odżywczych:kalorie: 172; tłuszcz: 11,1 g; białko: 8,2 g; węglowodany: 7,9 g; błonnik: 2,1g; cukier: 4,2g; sód: 742 mg

Sałatka wieprzowa Porcje: 4

Czas gotowania: 10 minut

Składniki:

1-funtowy gulasz wieprzowy pokrojony w paski

3 łyżki oliwy z oliwek

4 szalotki, posiekane

2 łyżki soku z cytryny

2 łyżki octu balsamicznego

2 szklanki mieszanej sałaty zielonej

1 awokado, obrane, pozbawione pestki i pokrojone w grubą kostkę 1 ogórek pokrojony w plasterki

2 pomidory pokrojone w kostkę

Szczypta soli i czarnego pieprzu

Wskazówki:

1. Rozgrzej patelnię z 2 łyżkami oleju na średnim ogniu, dodaj szalotki, mięso i sok z cytryny, wymieszaj i smaż przez 10 minuty.

2. W salaterce wymieszaj sałatę z mięsem i pozostałymi składnikami, wymieszaj i podawaj.

Informacje o wartościach odżywczych: kalorie 225, tłuszcz 6,4, błonnik 4, węglowodany 8, białko 11

Wieprzowina limonkowa i fasolka szparagowa

Porcje: 4

Czas gotowania: 40 minut

Składniki:

2 funty gulaszu wieprzowego, pokrojonego w kostkę

2 łyżki oleju z awokado

½ szklanki zielonej fasolki, przyciętej i przekrojonej na pół

2 łyżki soku z limonki

1 szklanka mleka kokosowego

1 łyżka rozmarynu, posiekanego

Szczypta soli i czarnego pieprzu

Wskazówki:

1. Rozgrzej patelnię z olejem na średnim ogniu, dodaj mięso i smaż przez 5 minut.

2. Dodać resztę składników, delikatnie wymieszać, doprowadzić do wrzenia i gotować na średnim ogniu jeszcze 35 minut.

3. Rozłóż mieszankę pomiędzy talerze i podawaj.

Informacje o wartościach odżywczych:kalorie 260, tłuszcze 5, błonnik 8, węglowodany 9, białko 13

Porcje piersi z kurczaka: 4

Czas gotowania: 20 minut

Składniki:

4 filety z piersi kurczaka

½ łyżeczki suszonego oregano

½ łyżeczki czosnku w proszku

pieprz do smaku

Spray do gotowania

Wskazówki:

1. Dopraw kurczaka oregano, czosnkiem w proszku i pieprzem.

2. Spryskaj olejem.

3. Umieścić w koszyku frytkownicy.

4. Smażyć na powietrzu w temperaturze 360 stopni F przez 10 minut z każdej strony.

Wieprzowina Z Cukinią Chili I Pomidorami

Porcje: 4

Czas gotowania: 35 minut

Składniki:

2 pomidory pokrojone w kostkę

2 funty gulaszu wieprzowego, pokrojonego w kostkę

4 szalotki, posiekane

2 łyżki oliwy z oliwek

1 cukinia, pokrojona w plasterki

Sok z 1 limonki

2 łyżki chili w proszku

½ łyżki kminku w proszku

Szczypta soli morskiej i czarnego pieprzu

Wskazówki:

1. Rozgrzej patelnię z olejem na średnim ogniu, dodaj szalotki i smaż przez 5 minut.

2. Dodać mięso i smażyć jeszcze 5 minut.

3. Dodać pomidory i pozostałe składniki, wymieszać, gotować na średnim ogniu jeszcze przez 25 minut, rozłożyć na talerze i podawać.

Informacje o wartościach odżywczych:kalorie 300, tłuszcze 5, błonnik 2, węglowodany 12, białko 14

Wieprzowina Z Oliwkami Porcje: 4

Czas gotowania: 40 minut

Składniki:

1 żółta cebula, posiekana

4 kotlety schabowe

2 łyżki oliwy z oliwek

1 łyżka słodkiej papryki

2 łyżki octu balsamicznego

¼ szklanki oliwek kalamata, wypestkowanych i posiekanych

1 łyżka posiekanej kolendry

Szczypta soli morskiej i czarnego pieprzu

Wskazówki:

1. Rozgrzej patelnię z oliwą na średnim ogniu, dodaj cebulę i smaż przez 5 minut.

2. Dodać mięso i smażyć jeszcze 5 minut.

3. Dodać resztę składników, wymieszać, gotować na średnim ogniu przez 30 minut, rozłożyć na talerze i podawać.

Informacje o wartościach odżywczych:kalorie 280, tłuszcz 11, błonnik 6, węglowodany 10, białko 21

Pasztet Z Koperkiem I Łososiem

Porcje: 4

Czas gotowania: 0 minut

Składniki:

sześć uncji gotowanego łososia, bez kości i skóry 1 łyżka posiekanego świeżego koperku

½ łyżeczki soli morskiej

¼ szklanki gęstej (ubijanej) śmietanki

Wskazówki:

1. Weź blender lub robot kuchenny (lub zamiast dużej miski za pomocą miksera), wymieszaj skórkę z cytryny, łososia, gęstą śmietanę, koper i sól.

2. Mieszaj aż do uzyskania odpowiedniej konsystencji smoothie.

Informacje o wartościach odżywczych:Węglowodany 0,4 g Białko; 25,8 g Tłuszcz całkowity: 12 g Kalorie: 199 Cholesterol: 0,0 mg Błonnik: 0,8 g Sód: 296 mg

Pieczone jabłka w przyprawie Chai Porcje: 5

Czas gotowania: 3 godziny

Składniki:

5 jabłek

½ szklanki wody

½ szklanki pokruszonych orzechów pekan (opcjonalnie)

¼ szklanki roztopionego oleju kokosowego

1 łyżeczka mielonego cynamonu

½ łyżeczki mielonego imbiru

¼ łyżeczki mielonego kardamonu

¼ łyżeczki mielonych goździków

Wskazówki:

1. Wydrąż każde jabłko i zdejmij z wierzchu cienki pasek.

2. Dodaj wodę do wolnowaru. Delikatnie połóż każde jabłko pionowo na dnie.

3. W małej misce wymieszaj orzeszki pekan (jeśli używasz), olej kokosowy, cynamon, imbir, kardamon i goździki.

4. Skrop mieszaniną wierzchy jabłek.

5. Przykryj kuchenkę i ustaw ją na wysoką. Gotuj przez 2 do 3 godzin, aż jabłka zmiękną, i podawaj.

<u>Informacje o wartościach odżywczych:</u>Kalorie: 217 Całkowita zawartość tłuszczu: 12 g Całkowita liczba węglowodanów: 30 g Cukier: 22 g Błonnik: 6 g Białko: 0 g Sód: 0 mg

Brzoskwiniowe chrupiące Porcje: 6

Czas gotowania: 20 minut

Składniki:

Pożywny:

6 brzoskwiń przekrojonych na pół

1 łyżka cukru kokosowego

1 łyżeczka mielonego cynamonu

½ łyżki masła, pokrojonego w kostkę

Byczy:

½ szklanki mąki uniwersalnej

½ szklanki cukru kokosowego

¼ łyżeczki cynamonu w proszku

¼ szklanki masła wegańskiego, pokrojonego w kostkę

Wskazówki:

1. Dodaj brzoskwinie do małej tortownicy.

2. Wymieszaj resztę składników nadzienia.

3. W misce wymieszaj składniki polewy.

4. Posmaruj polewą masą brzoskwiniową.

5. Smażyć na powietrzu w temperaturze 350 stopni F przez 20 minut.

Dip brzoskwiniowy Porcje: 2

Czas gotowania: 0 minut

Składniki:

½ szklanki beztłuszczowego: jogurtu

1 szklanka posiekanych brzoskwiń

Szczypta proszku cynamonowego

Szczypta gałki muszkatołowej, zmielonej

Wskazówki:

1. W misce wymieszaj jogurt, dodając brzoskwinie, cynamon i gałkę muszkatołową.

2. Wymieszaj, rozłóż do małych miseczek i podawaj.

Informacje o wartościach odżywczych:Kalorie: 165 Tłuszcz: 2 g Błonnik: 3 g Węglowodany: 14 g Białko: 13 g

Krakersy z nasionami marchwi i dyni Porcje: 40 krakersów

Czas gotowania: 15 minut

Składniki:

1⅓ szklanki pestek dyni

½ szklanki startej marchwi (około 1 marchewki) 3 łyżki posiekanego świeżego koperku

¼ łyżeczki soli morskiej

2 łyżki oliwy z oliwek extra virgin

Wskazówki:

1. Rozgrzej piekarnik do 180°C. Blachę do pieczenia wyłóż papierem pergaminowym.

2. Zmiel pestki dyni w robocie kuchennym, następnie dodaj marchewkę, koper, sól i oliwę z oliwek do robota kuchennego i wymieszaj.

3. Wylać je na przygotowaną blachę, następnie za pomocą szpatułki uformować masę w prostokąt.

4. Wyłóż arkusz pergaminu na prostokąt, a następnie spłaszcz prostokąt za pomocą wałka do grubości około ⅛ cala.

5. Zdjąć pergamin wyłożony prostokątem i ostrym nożem naciąć go na 40 małych prostokątów.

6. Ułóż blachę do pieczenia w nagrzanym piekarniku i piecz przez 15

minut lub do momentu, aż będą złociste i chrupiące.

7. Przełóż krakersy na duży talerz i pozostaw do ostygnięcia na kilka minut przed podaniem.

Informacje o wartościach odżywczych:(4 krakersy) kalorie: 130 ; tłuszcz: 11,9 g; białko: 5,1g; węglowodany: 3,8 g; błonnik: 1,0g; cukier: 0g; sód: 66 mg

Frytki z awokado Porcja: 8

Czas gotowania: 10 minut

Składniki:

2 awokado, pokrojone w paski

Mieszanka sucha

½ szklanki bułki tartej

½ łyżeczki proszku cebulowego

1 łyżeczka czosnku w proszku

½ łyżeczki papryki w proszku

½ łyżeczki kurkumy w proszku

Mokra mieszanina

½ szklanki mąki

½ łyżeczki papryki w proszku

½ łyżeczki kurkumy w proszku

½ szklanki mleka migdałowego

1 łyżeczka ostrego sosu

Wskazówki:

1. Wymieszaj suche składniki mieszanki w misce.

2. W drugiej misce połącz mokre składniki mieszanki.

3. Zanurz każdy pasek awokado w mokrej mieszance, a następnie przykryj suchą mieszanką.

4. Dodaj do koszyka frytkownicy.

5. Gotuj we frytkownicy przez 5 minut.

6. Odwróć i smaż przez kolejne 5 minut.

www.ingramcontent.com/pod-product-compliance
Lightning Source LLC
Chambersburg PA
CBHW070410120526
44590CB00014B/1337